collection SPORTS et LOISIRS
créée par Roger Vaultier

arc

« sport • chasse • loisir »

françoise avon-coffrant

arc

« sport • chasse • loisir »

Photos de couverture : C. ABAD/Presse-Sports
O. COQUELLE/Presse-Sports

éditions amphora s.a.
14, rue de l'Odéon — 75006 PARIS

REMERCIEMENTS

L'auteur et l'éditeur remercient Michel Chaplain, société FRANCE ARCHERIE de son aimable prêt des matériels : arcs, équipements, flèches, accessoires, cibles... photographiés par Patrice Libert pour illustrer cet ouvrage.

CRÉDIT PHOTOGRAPHIQUE

Françoise A. Coffrant, pages 14, 56, 60, 90, 101, 102, 105, 124, 129, 133, 144, 160, 163, 164, 180, 182.
Françoise A. Coffrant, archives, pages 31, 120, 128, 129, 146, 147, 149, 151.
Patrice Libert, pages 35, 36, 38, 39, 42, 43, 45, 49, 50, 51, 52, 53, 62, 63, 64, 66, 73, 98, 104, 113, 153, 154, 155, 161, 172.
Rigoulet, Presse-Sports, pages 174, 176.
C. Abad, Presse-Sports, pages 130, 135, 177.
Presse-Sports, pages 134, 135.
Jean-Marie Coche, pages 121, 125.
SAPA, s.a., pages 23, 27, 34, 35, 64, 153, 156, 180, 187, 188, 194.
GREEN HORN, pages 33, 155.
Trigone GHL, Lyon, pages 20, 51, 114.
Beman, pages 12, 107, 166, 168.

Dessins de Claire Mohlo

Les photos couleurs sont de C. Abad, O. Coquelle et Rigoulet de l'agence PRESSE-SPORTS.

Collection Sports et Loisirs créée par Roger VAULTIER

édition 1993
ISBN : 2-85180-244-5
ISSN 0768-083X

SOMMAIRE

AVANT-PROPOS 11

« LE SUCCÈS NE S'IMITE PAS, IL SE CRÉE » 15

LE MATÉRIEL 21

Les arcs 21
L'arc droit 22
L'arc à double courbure 26
L'arc « compound » ou arc à poulies 30

Équipement de l'arc 37
La corde 37
Le repose-flèche et le bouton écarteur 41
Le contrôleur d'allonge 44
Le viseur 44
Le stabilisateur et le compensateur 47

Les flèches 54
La flèche en bois 54
La flèche en fibre de verre 54
La flèche en métal 55
La flèche en fibre de carbone 56
Les plumes 58
Les encoches 59
Les pointes de flèche 59

Les accessoires de tir 60
La dragonne 60
Le bracelet 61
Le plastron 61
La palette 61
Le carquois 62
Le repose-arc 62
La malette et la housse d'arc 64
Les jumelles 65
La butte et la cible 65
Les vêtements du tireur à l'arc 66

Le choix du matériel 67
Le choix de l'arc 68
Le choix des flèches 69
Tableaux comparatifs flèches/arcs : Easton, Diva 70

Réglage des arcs classiques et des arcs à poulies 75

ENTRAÎNEMENT PHYSIQUE ET PSYCHIQUE 81

La respiration 82
Respirer jusqu'au fond du diaphragme 82
Recherche de l'amplitude thoracique 83
La rétention du souffle 83

La musculation 84
Quels sont les muscles sollicités pour tirer à l'arc . . . 85
Comment agissent les muscles pendant l'action du tir à l'arc 85
Au tir à l'arc la fatigue musculaire a deux origines . . 86

Entraînement 87
L'entraînement permanent 87
L'entraînement avant une séance de tir 88

La concentration 89

LA DIÉTÉTIQUE 91

La ration d'entraînement 91
Les vitamines et les sels minéraux 92
Les boissons 92

La ration de compétition 92
La ration d'attente 93
L'alimentation pendant la compétition 93

La ration de récupération 94

L'archer et les autres sports 94

PRINCIPES DU TIR A L'ARC 95

Les premières flèches 95
Position 96
Mise en place de la flèche 96
Position de la main d'arc 97
Préhension de la corde 99
Armer en position de tir 99
Tension et ancrage 100
Visée 100
Décoche 102
Suivi de la décoche 104

Le contrôle de la respiration 106
Séquence de tir 108
Position de la main d'arc 110
Position des doigts sur la corde 111

Récapitulation de la séquence de tir 111

Les principales causes de dérèglement du tir 113
Quelques fautes courantes à éviter 115

Les erreurs de tir 116
Tir groupé à gauche 116
Tir groupé à droite 117
Tir groupé en haut 117
Tir groupé en bas 118

L'apprentissage du tir à l'arc 119

LE TIR D'INSTINCT 121

Technique du tir d'instinct 122

DEVENIR CHAMPION 127

Réflexions sur le perfectionnement du tir 127
« Être en ligne », une nécessité pour un bon tir 130
Rôle précis de la main d'arc et de la main de corde 131
Une méthode de contrôle 132

Savoir utiliser le temps de tir 137

Quelques conseils à suivre 139

Entraînement de l'archer de haut niveau 140
Canaliser la pensée 140
Temps d'exécution du tir 141
Les réflexes 141
Poussée et traction 142
Ancrage à deux points 143
Le contrôleur d'allonge 143
La visée 143
Réflexions sur la compétition 144

LA CHASSE A L'ARC 145
La chasse à l'arc en France 147
Comment chasser à l'arc 148
La préparation physique 149

Le matériel de chasse à l'arc 150
L'arc monobloc à double courbure 150
L'arc démontable 152
L'arc « compound » 152
Le « long bow » ou arc droit 156
Les flèches de chasse 157

Les accessoires des arcs de chasse 159
La corde 159
Le repose-flèche 159
Le stabilisateur 159
Le carquois 160
La housse 160
Le camouflage 160
Les cibles 162

Les jumelles 162
Le gant en cuir 162

LA PÊCHE A L'ARC 163
Tableau de concordance des arcs et des flèches de chasse 165

LES DISCIPLINES DU TIR A L'ARC 166

Les disciplines contrôlées par la Fédération Internationale de tir à l'arc 167
Le tir F.I.T.A. 167
Disposition du champ de tir 167
Règlement du tir F.I.T.A. 168
La cible F.I.T.A. 170
Le matériel de tir 171

Les étoiles F.I.T.A. et les records 173

Le tir à l'arc en salle 174

Le tir à l'arc en campagne 176
Règlement du tir en campagne 177

Le tir au drapeau 178

Le tir à très grande distance 178

Autres disciplines de tir à l'arc 179
Le tir « fédéral » 179
Le parcours « nature » 179
Répartition des buttes-cibles 181
Les pas de tir 181
Distances de tir 181
Les scores 182
Le matériel de tir 182

Le tir au « beursault » 182
Implantation du Jeu d'arc 183
Déroulement du tir 184
La cible beursault 184
Règlements de tir 185

Le tir à la perche 186

Le tir à l'arc de loisir 187
Archerie Golf 190
Biathlon ski-arc 190
Le tir « pétanque » 191
Le tir « dart » 192
Le tir « golf » 193
Autres tirs 195

GLOSSAIRE 199

AVANT-PROPOS

Voici une vingtaine d'années, mon métier de journaliste me faisait découvrir le tir à l'arc. Parallèlement à l'ambiance un peu folklorique des clubs d'alors, où se mêlaient tradition et chevalerie, un noyau d'archers couraient les compétitions nationales et internationales. Et, depuis le grand retour du tir à l'arc dans la famille olympique aux Jeux de Munich en 1972, tout est allé très vite. Les scores ont grimpé, les fédérations se sont étoffées de nouveaux adeptes. Le grand public a découvert une discipline sportive à part entière. Et depuis 1992, les grands changements intervenus dans le déroulement des épreuves majeures permettent aux télévisions du monde entier de retransmettre des images d'un sport ésotérique devenu enfin compréhensible à tous les spectateurs.

Vingt ans ont été nécessaires pour mener ce sport à sa maturité. Sur le plan technique de la performance athlétique, comme sur celui de l'évolution du matériel, bien des progrès ont été accomplis.

D'une olympiade à l'autre, on a vu arriver de nouveaux archers toujours plus performants, venus des quatre coins du monde.

Si les Américains ont été les premiers à dominer le tir à l'arc mondial raflant les médailles olympiques et celles des championnats du monde, ils ont été rejoints dans les années quatre-vingts par les Soviétiques, hommes et surtout femmes. Rapidement les athlètes féminines coréennes sont venues bousculer la hiérarchie. Quelques individualités, tireurs japonais, coréens et quelques Chinoises émergent en haut des tableaux de scores. Les Européens, pour leur part, ont longtemps piétiné aux troisièmes et quatrièmes places, jusqu'aux jeux Olympiques de Barcelone en 1992, qui ont vu la victoire du Français, Sébastien Flute, médaille d'or, battant dans un match à suspense, le Coréen Jae Hun Chung, tandis que les Espagnols remportaient la médaille d'or du classement par équipe, les Finlandais la médaille d'argent et les Britanniques la médaille de bronze...

Ce qui caractérise ces champions, c'est leur jeunesse. Tous, garçons ou filles, ont obtenu leurs titres et médailles entre dix-huit et vingt ans. Et tous avaient commencé à tirer leurs premières flèches au sortir de l'enfance. Un entraîneur expérimenté me confiait qu'il faut près de dix années pour « faire » un champion de tir à l'arc...

Pendant le tournoi olympique de 1992 à Barcelone, deux jeunes concurrentes parfaitement concentrée afin de répéter à chaque flèche les mêmes gestes de la séquence de tir.

Sport pour tous

Sport d'élite de haut niveau, le tir à l'arc est également un sport de détente, de loisir.

Les améliorations considérables apportées au matériel par les fabricants permettent aujourd'hui à tous, hommes, femmes, enfants de s'amuser tout en obtenant des résultats stimulants. Il n'y a pas d'âge limite. On peut tirer toute sa vie, les arcs étant adaptés à la morphologie et à la force de chacun. Les centres de loisir, les clubs de vacances mettent à la disposition de leurs estivants des stands de tir, des jeux, du matériel d'initiation et des moniteurs. Bien des vocations d'archers ont débuté sur ces pas de tir...

C'est pour en savoir plus sur vos propres possibilités, pour augmenter votre plaisir, que je vous propose à travers les pages qui suivent, d'explorer ce qui fera de vous un connaisseur : maîtrise de soi, découverte du matériel, apprentissage des gestes, compréhension des règles de tir... A n'en pas douter ! Dès vos premières flèches vous serez enthousiastes et conquis par ce noble sport : le tir à l'arc.

Françoise Aron Coffant

Fred Bear reçoit Françoise Coffrant dans son bureau à Grayling. Aux murs et sur les meubles, les photos souvenirs de ses chasses, des trophées, des coupes, des diplômes, racontant l'histoire de sa vie au service de la chasse et de la nature.

« LE SUCCÈS NE S'IMITE PAS, IL SE CRÉE »

A l'issue d'une compétition de première importance comme un championnat du monde ou des jeux Olympiques, le bonheur qui envahit soudain le vainqueur dans tout son être, est un spectacle d'une émotion intense. A l'heure où retentissent les hymnes nationaux, l'athlète est seul à savourer sa victoire comme il l'a été tout au long de l'épreuve qui l'a conduit jusqu'aux marches du podium.

Seul. Pas autant qu'il y paraît. Cette victoire l'athlète ne la doit-elle pas en partie aux entraîneurs qui l'ont mené pas à pas jusqu'à la réussite ? Sans cette confiance réciproque, cette force de conviction de l'entraîneur, le sportif, quel qu'il soit, ne peut gravir les échelons de la compétition de haut niveau.

Le tireur à l'arc n'échappe pas à la règle. S'il faut un don, en plus d'un travail constant, pour devenir champion, il faut également bien des dons pour être entraîneur : détection, détermination, pédagogie, psychologie, patience, persuasion... Un entraîneur américain, Al Henderson, très connu du milieu international du tir à l'arc, rassemblait tous ces dons qui lui ont permis de conduire pendant deux décennies les jeunes archers de son pays en haut des tableaux des championnats du monde et des jeux Olympiques.

Pragmatique, Al Henderson aime résoudre simplement les situations les plus difficiles.

Sa grande force est de responsabiliser le champion sans jamais le culpabiliser. L'objectif principal de Al Henderson est de faire ressortir les forces positives des réflexions, des actes et des situations de ses élèves.

Il a publié il y a quelques années un petit ouvrage assez rare, dans lequel il résume toute la philosophie de son enseignement.

Son style est très imagé, maniant avec succès l'aphorisme, il n'hésite pas à s'élever de temps à autre au-dessus de son sujet pour dire en une sentence brève quelques vérités qui dérangent, mais s'imposent à l'évidence, pour revenir à la case départ : la volonté de réussir.

J'ai pensé que pour ouvrir ce livre, quelques citations de ce grand maître seraient suffisamment roboratives et donneraient aux lecteurs l'envie et le goût de la pratique. J'ai donc choisi quelques-uns de ses conseils* qui illustrent parfaitement les problèmes que le tireur à l'arc doit résoudre. Il faut bien évidemment

* Les textes en italique sont tirés de l'ouvrage d'AL HENDERSON.

lire les conseils d'Al Henderson en les projetant immédiatement dans la pratique, dans les faits.

> *« Quand on se plaint de quelque chose, on perd la part la plus vive de sa propre confiance. »*

Il est vrai que le pas de tir est toujours un lieu chargé d'électricité où les nerfs sont à vif.

Le tireur qui laisse échapper sa déception après une volée, perd immédiatement de son influx nerveux, c'est bien souvent pour lui, s'il n'y prend garde, le début d'une spirale descendante. La confiance en lui-même perdue, il prend le risque de ne plus pouvoir maîtriser son tir.

> *« Si vous ne savez pas où vous allez, n'importe quelle route vous y conduira. »*

Sur un pas de tir, il n'y a qu'une route pour atteindre un seul objectif : gagner.

> *« Les seules murailles qui sont impénétrables sont celles que vous construisez autour de vous. »*

Pour progresser, pour gagner, il faut que le mental soit libéré de toutes entraves. Ce ne sont pas les autres qui pèsent sur notre mental et l'emprisonne, c'est nous-mêmes.

Prisonnier dans votre muraille, aucun progrès, aucun bond en avant n'est possible.

> *« Vous n'avez pas besoin de rester éveillé des nuits durant pour réussir, faites-le donc le jour, tout simplement. »*

L'équilibre intellectuel et physique ne peut exister que dans un bon équilibre de vie.

> *« Chaque problème présente une opportunité nouvelle pour progresser. »*

Il faut avoir une attitude positive devant une difficulté. La résoudre permet de développer son imagination, c'est ainsi que l'intelligence créatrice progresse.

> *« Le succès ne s'imite pas, il se crée. »*

Aucun tournoi n'est semblable, aucune épreuve de notre vie n'est la répétition de l'épreuve précédente.

On ne conquiert pas un succès en imitant les gestes d'un champion.

Vouloir le succès demande avant tout volonté et force d'imagination pour forger sa propre personnalité et créer de toutes pièces la victoire.

> *« La victoire a toujours un millier de pères et mères ; la défaite est toujours orpheline. »*

Le champion qui gagne est non seulement fêté, mais les flagorneurs sont toujours là pour prétendre partager les lauriers de la victoire.

Celui qui perd est seul, et n'intéresse plus personne.

On peut dire aussi : le vainqueur trouve et analyse toutes les raisons de sa victoire. Le perdant est incapable de retrouver les causes de sa défaite. Son esprit est embrumé, alors que celui du vainqueur est clair.

« Tirez pendant le tournoi, et travaillez à l'entraînement. Ne travaillez pas pendant le tournoi, et ne tirez pas à l'entraînement. »

Du bon ordre des choses. Il ne faut pas prendre la proie pour l'ombre. Il faut être réaliste, objectif : travailler quand il le faut, se battre quand c'est nécessaire. Il faut savoir faire la différence entre le travail d'entraînement et le tir de compétition.

Cela peut paraître simple, mais beaucoup de tireurs à l'arc, même d'un haut niveau, confondent les deux situations. On le constate aux résultats, ce sont ceux qui ne sont jamais prêts, et en forme, le jour J de la grande compétition.

« Les obstacles sont ces terribles choses qui n'apparaissent que lorsqu'on oublie l'objectif de la victoire. »

C'est le secret de la concentration et du mental libre mais aimanté par le succès. La moindre fissure, la moindre rupture peuvent laisser passer le grain de sable qui brisera « l'unité » de la concentration et du geste.

« Il ne faut pas s'apitoyer sur ses propres états d'âme et sur ses échecs. Il existe un syndrome des sportifs qu'on peut appeler la ''paralysie par analyse''. »

Si l'on passe trop de temps et si l'on dépense trop d'énergie à analyser les échecs, on ne pense plus qu'à l'échec, et on se place en état de paralysie. Cet état mène à l'impuissance et au manque de confiance du sportif dès qu'il se trouve confronté à ses concurrents.

« Ne soyez pas trop affairé à couper le bois, au point de ne plus prendre le temps d'affûter votre hache. »

Une bonne règle de vie, demande des temps où l'on prend du champ par rapport à soi-même. Ces moments sont indispensables pour faire le point, rejeter ce qui ne va pas, rassembler ce qui est positif. Lorsque les idées sont à nouveau claires et les actes en concordance avec les idées, on peut repartir de plus belle.

« Si vous n'êtes pas assez fort pour accepter la critique, c'est que vous êtes trop faible pour mériter les louanges. »

La force de caractère se trempe dans une analyse critique impitoyable.
Une âme faible ne peut mesurer la valeur et la qualité d'un compliment.

« Pour tuer un lion, il faut penser en termes de lion, et non en termes de souris. »

Il faut toujours se donner les moyens des objectifs que l'on veut atteindre.
Il faut être objectif et trouver la parfaite adéquation entre les outils de la victoire et la victoire elle-même. Si cet impératif n'est pas respecté, il n'y a pas de victoire possible.

Voilà quelques conseils dans le désordre. Ce serait une erreur de croire que venant d'un très grand entraîneur, ils ne sont valables que pour un tireur de haut niveau.

Jeunes champions

Le tir à l'arc est une discipline où l'on peut tirer très jeune. En plus du jeu les enfants y acquièrent la maîtrise de leurs nerfs, et apprennent à réfléchir.
Les champions sont très jeunes. Parmi nos compatriotes, Sébastien Flute avait dix-huit ans lorsqu'il devint champion du monde de tir en salle et à peine vingt lorsqu'il obtint la médaille d'or olympique à Barcelone en 1992.
Carole Ferriou avait dix-neuf ans lorsqu'elle fut championne du monde de tir en campagne (1990). Leurs adversaires sur les pas de tir, russes, américains, coréens, japonais..., de même niveau, sont du même âge. Certains particulièrement doués ont pu récidiver d'une olympiade à l'autre et conserver des records du monde durant de nombreuses années... Partout le tir à l'arc passionne les jeunes.
Dans plusieurs pays, et en France, le tir à l'arc est enseigné dans certaines écoles primaires et collèges, à des enfants, garçons et filles, dès l'âge de dix ans. C'est une excellente école de contrôle de soi, de réflexion sur l'effet des actes, et d'humilité devant les scores. A travers l'émulation du jeu, les enfants ne refusent pas, bien au contraire, de se plier aux exigences du tir à l'arc.
L'attitude du tireur à l'arc est empreinte d'une beauté plastique évidente, évoquant la force certes, mais également la grâce et l'élégance. Aussi, de plus en plus de femmes pratiquent le tir à l'arc avec bonheur. Les gestes sont doux, simples, harmonieux. L'arc est en adéquation avec la force de la personne qui tire.
C'est aussi un sport que l'on peut pratiquer sans danger jusqu'à un âge très avancé. De la même façon, il n'est pas nécessaire d'être un champion de haut niveau pour y trouver un grand plaisir et s'accomplir dans une plénitude heureuse.

Tout repose en effet dans la valeur du rapport du tireur à son arc. Ce sont des relations affectives très subtiles et étranges.

A priori on pourrait penser que l'arc est un objet anonyme. La raquette est anonyme dans la mesure où le tennisman aborde le court avec une batterie de dix à douze raquettes, qu'il la jette par terre, la brise, ou la rejette. Ce n'est pas du tout le cas de l'arc et des flèches. L'objet est unique pour son propriétaire qui seul le connaît. J'ai même rencontré des archers qui m'ont montré dans leurs carquois remplis de flèches, l'unique ou les deux qui « gagnent » parmi les autres.

Mécanique et invention

Il faut dire que bien souvent le tireur à l'arc de qualité est un bon mécanicien. A ce titre il a le sens de la corde à choisir, des stabilisateurs à poser, de la rigidité des flèches à sélectionner. Pour donner une preuve de l'importance de ces dons de mécanicien, dans l'univers du tir à l'arc, on peut simplement rappeler que toutes les grandes améliorations ou innovations sont dues à des archers, des premiers arcs à double courbure construits par Fred Bear dans les années 1940, au célèbre bouton Berger. Vic Berger était un champion de l'époque 1950/1960. Il eut l'idée de placer un bouton de pression juste au-dessus du repose-flèche pour guider celle-ci au moment de sa sortie de l'arc. Le premier stabilisateur extérieur fut posé par Earl Hoyt sur l'arc de John Williams aux jeux Olympiques de Munich en 1972. Bien d'autres exemples pourraient être retrouvés.

Fred Bear, Earl Hoyt, Harry Allen qui inventa l'arc à poulies, pour ne citer que les anciens parmi les fabricants les plus connus, ont d'abord été des tireurs passionnés, c'est ainsi qu'ils ont pu apporter sans cesse des améliorations au matériel et le faire progresser.

C'est sur un pas de tir que l'on mesure cette qualité de rapports entre le tireur et son arc.

L'arc est aussitôt chargé de symboles dès qu'il est dans les mains du tireur.

Il faut donc aborder l'arc avec un grand respect lorsqu'on veut s'initier à cette discipline très ancienne. Il faut être humble et savoir avancer patiemment mais toujours avec une haute ambition, il faut apprendre doucement dans une maîtrise totale du mental et du geste.

Il faut apprendre l'arc et son pouvoir, la flèche et sa fragilité, son propre corps et ses faiblesses, son mental et sa concentration.

C'est l'objet des chapitres qui suivent.

Leader mondial de la fèche 100 % en fibre de carbone, Beman innove en créant un arc de compétition classique. La poignée en alliage de magnésium est légère tout en offrant une grande résistance à la déformation. Les branches en bois et fibre de verre sont souples et rapides.

LE MATÉRIEL

Le tir à l'arc est un sport technique qui nécessite l'emploi d'un matériel parfaitement adapté à son utilisateur. Ainsi, la hauteur de l'arc, la largeur de la poignée, la puissance de traction, la longueur de la flèche... autant de facteurs qui changent avec chaque archer. Ceci explique la grande variété d'arcs, de flèches, et la multitude de leurs accessoires, mis à la disposition des tireurs, hommes, femmes, enfants.

Je ne saurais trop conseiller à l'archer débutant qui désire acheter son premier équipement de s'adresser à un spécialiste, ou de se faire guider, dans son choix par un tireur expérimenté.

Durant ces dix dernières années, le matériel de tir à l'arc a beaucoup évolué, les fabricants recherchant toujours à améliorer les performances de leurs arcs. L'emploi de matériaux comme le kevlar, la fibre de carbone, et de technologies nouvelles comme les systèmes de traction des branches par des câbles et des poulies ou des cames, ont permis bien des innovations.

Dans le choix d'un arc, il entre aussi une part de motivation irrationnelle. L'arc doit plaire physiquement, par sa forme, sa matière, sa couleur. La gamme doit donc être étendue.

Le choix de l'arc dépend aussi du type de tir que l'on désire pratiquer. Le degré de connaissance technique du tir que l'on a atteint, intervient également. Pour s'amuser entre amis dans un jardin, on n'a pas besoin d'un arc aussi précis que pour la compétition. A la chasse, c'est encore une autre sorte d'arc que l'on utilise.

Le matériel de tir à l'arc est essentiellement fabriqué aux États-Unis, au Japon, en Corée et dans une proportion moindre en France et en Grande-Bretagne. Dans certains autres pays, en Suède, en Suisse, en Belgique, en Autriche on trouve quelques fabrications bien précises surtout d'accessoires.

Les arcs

L'arc a souvent changé de forme et de fabrication, selon les époques et les régions. Mais de tout temps, il a existé deux sortes d'arcs : les arcs simples en bois, d'une seule pièce, et les arcs composés, en bois ou autres matériaux, renforcés par de la corne ou des tendons, aujourd'hui des amalgames de bois et fibres synthétiques.

L'arc primitif, court, d'une seule pièce de bois, droit, est encore fabriqué dans les peuplades d'Afrique, d'Amazonie, d'Océanie, où il sert à la chasse.

Au Japon l'arc des samouraïs est en bambou, de forme asymétrique. Dans l'antiquité égyptienne et grecque l'art composé présente une double courbure comme les arcs modernes.

En Turquie, en Chine, en Corée où les guerriers cavaliers tirent depuis leur monture, les arcs sont très courts, ils ont une double courbure également, et sont composés de divers matériaux et de corne notamment. Les Assyriens utilisent des arcs de forme angulaire.

Au Moyen Age, les arcs de guerre en bois d'if sont longs et droits en Angleterre, un peu plus courts et à peine courbes aux extrémités, en France.

Avec leurs qualités et leurs défauts, c'est de cette longue histoire de l'archerie que sont issus nos arcs d'aujourd'hui.

Les arcs modernes

Les arcs fabriqués aujourd'hui sont de trois types : l'arc droit, l'arc à double courbure, et l'arc à poulies.

L'arc droit

Le grand arc droit issu de la tradition des archers du Moyen Age, a été remis à l'honneur en Grande-Bretagne. Une association, « British Long Bow Society » qui organise des compétitions de tir à l'arc droit, a fixé les normes de cet arc dans son règlement de 1975 : « Le grand arc se définit comme le type traditionnel de l'arc, "corps volumineux", coches en corne, branches faites en bois uniquement. Toutes les surfaces doivent être convexes. »

Tout en respectant la tradition, le grand arc actuel est quelque peu différent de son ancêtre du Moyen Age. En effet, dans le tir sur cible, l'arc doit, sans fatiguer l'archer, pouvoir lancer les flèches avec précision et régularité. C'est pourquoi la forme des branches a été légèrement modifiée. La longueur entre les poupées (évidements taillés dans la corne des extrémités pour y loger la corde quand l'arc est tendu ou « armé »), mesurée sur la face intérieure de l'arc, ne doit pas être de moins de 150 cm pour des flèches allant jusqu'à 66 cm, et pas moins de 170 cm pour des flèches de plus de 66 cm.

Ces mesures sont de sept à quinze centimètres inférieures à celles exigées, autrefois, quand les tirs sur cibles ne se faisaient qu'avec de grands arcs, aux XVIIIe et XIXe siècles.

Extrême **est un arc classique démontable pour tirer au jardin ou dans un club de loisir. Il existe pour droitier et gaucher. Poignée laquée blanc, bleu ou rouge. Branches blanches, en bois et fibre de verre. Corde en dacron. Hauteurs disponibles pour jeunes et adultes, de 54 pouces jusqu'à 68 pouces. Puissances de 14 à 34 lbs.**

Proportions

La longueur de la flèche est déterminée par la taille et la carrure de l'archer, par la distance existant entre la main qui tient l'arc et celle qui tend la corde une fois que l'utilisateur a appris à l'étirer, avec aise à sa bonne longueur. Il y a une relation directe entre la longueur de la flèche et la longueur de l'arc.

« L'arc doit être assez grand pour pouvoir se plier sans danger, pour permettre à la flèche d'être placée jusqu'à l'enferron (pointe), pour imprimer au projectile une puissance de tir donnée, une force et une vitesse suffisantes.

La largeur des faces latérales des branches, mesurée de la courbure intérieure de l'arc tendu (face à l'archer) vers la courbure extérieure de l'arc tendu (face à la cible) ne doit en aucun point être inférieure aux trois quarts de l'épaisseur de la branche au même point.

L'arc droit traditionnel est un ressort épais, en bois, en forme de "D", et non un ressort de bois plat. Voilà ce qu'on entend par "volumineux".

A l'endroit du repose-flèche (où la flèche prend son vol en se libérant de l'arc) l'arc ne doit pas être plus étroit qu'à tout autre point de l'extrémité des branches. »

Aucune concession n'est accordée pour modifier ou retoucher le dessin formé par le léger rétrécissement au niveau de la poignée, et qui dans les arcs modernes, ou les arcs courts anciens, permet à la flèche de voler à partir du centre du plan vertical des branches.

« Il ne doit pas y avoir de repose-flèche taillé dans l'arc, ni fixé sur l'arc. Le tube de la flèche doit être en bois, l'empennage en plumes véritables. » Telles sont les règles transmises et conservées par la British Long Bow Society et auxquelles se soumettent les facteurs d'arcs spécialisés d'outre-Manche.

Le dernier Indien

L'arc droit a aussi une autre histoire, celle des grands chasseurs américains. Au début du siècle, Ishi, le dernier Indien authentique de Californie, apprit aux anthropologues, Kœber et Waterman, et au médecin Saxton Pope, comment lui-même et les ancêtres de sa tribu décimée, fabriquaient leurs arcs, leurs flèches et leurs harpons pour la chasse et la pêche. Ces arcs étaient façonnés en fonction de la personne qui était appelée à s'en servir. Pour l'Indien comme pour le fantassin médiéval, les critères se rejoignent. Il y a en effet une certaine proportion à respecter entre la hauteur de l'archer et la longueur de l'arc d'une part, entre la taille de la main et l'épaisseur de l'arc d'autre part. Pour l'Indien, la longueur de l'arc devait être égale à la distance séparant l'articulation de la hanche droite du bout des doigts de la main gauche, distance mesurée le sujet étant debout, le bras tendu horizontalement en avant. Pour Ishi cette distance était d'un mètre vingt-cinq. L'arc est à sa plus grande largeur et à sa plus grande épaisseur de chaque côté de la poignée. La largeur doit être à cet endroit de quatre doigts pour un tir puissant, de trois pour un arc de chasse léger. Cet arc, qui ressemble comme un frère au « grand arc » des archers anglais et français du Moyen Age, a servi de modèle et de référence aux Américains, qui se sont vite passionnés pour la chasse à l'arc.

Tradition

Aujourd'hui, comme autrefois, des facteurs d'arcs continuent à façonner des arcs traditionnels pour le tir sur cible, ou pour la chasse, en Grande-Bretagne, aux États-Unis et même en France. Ces arcs sont souvent faits sur mesure pour leur utilisateur exclusivement. Les longueurs varient selon les utilisateurs, entre 162 cm et 178 cm. Ils sont en trois parties, la poignée en bois d'olivier, ébène, palissandre, poirier, noyer. Les branches faites de l'âme du bois d'If, hichory, érable, ou bambou refendu. Ces branches sont parfois recouvertes de fibres synthétiques garantissant l'élasticité. Les branches sont ainsi composées de 75 % de bois et 25 % de fibre, soigneusement contrecollés. La branche inférieure est légèrement plus courte que la branche supérieure, la poignée décalée, laisse ainsi passer la flèche exactement au centre de l'arc.

Les puissances des branches peuvent être échelonnées de 35/40 livres anglaises à 80 livres (16 kg à 36 kg) à 26 pouces d'allonge (71 cm), soit la longueur de la flèche. Mais l'arc peut avoir la puissance désirée pour l'allonge réelle de l'utilisateur, même au-dessus de 76 cm. Ce rapport sera fonction de la morphologie et de la puissance de tir de l'archer.

Le poids d'un tel arc varie selon les bois, de 600 g à 850 grammes. Cet arc est stable, ce qui est l'élément le plus important pour un arc. Il peut propulser des flèches lourdes, plus loin qu'un arc court, ce qui est nécessaire à la chasse.

Un arc de ce type est un bel objet fait de bois précieux. L'extrémité des branches, les poupées, sont en corne et en ébène. Elles peuvent être ornées de sculptures, d'incrustations de nacre ou d'argent, comme la partie inférieure de la poignée. Celle-ci est recouverte de peau d'agneau pour faciliter la préhension.

Bois précieux

Les bois d'arcs sont sélectionnés et choisis avec soin. La branche ou le tronc est lisse, sans défaut. Le séchage dure trois ou quatre années au minimum, parfois six années pour les bois qui retiennent le plus d'eau. La corde traditionnelle est en lin, mais on peut utiliser des cordes en nylon. La corde comporte un certain nombre de brins torsadés correspondant à la puissance de l'arc. Les flèches sont en bois d'if, empennées de plumes naturelles.

Un « grand arc » réussi, dure toute une vie, à condition d'en prendre soin. On l'arme avec un bandoir « fausse corde » qui évite de vriller les branches. Ce type d'arc s'emploie sans viseur, ni accessoire d'aucune sorte. A la chasse comme au tir sur cible, on utilise un gant de tir en cuir pour protéger les doigts sur la corde et un bracelet de cuir également au bras d'arc.

L'arc droit doit être rangé dans une housse capitonnée spécialement conçue à cet effet, et mis à l'abri des coups de soleil, de l'humidité, des refroidissements brutaux. Il faut traiter votre arc avec respect, comme un autre vous-même.

L'arc à double courbure

L'arc galbé, dont les branches dessinent une double courbure, est le plus employé actuellement, car le plus efficace. L'énergie accumulée dans les branches est plus grande et plus constante, qu'elle ne peut l'être dans un arc droit. L'effort de tension nécessaire à le bander est progressif, donc moins fatigant. L'arc galbé a une meilleure « chasse » que l'arc droit. La « chasse » de l'arc c'est la vitesse de propulsion transférée à la flèche, au moment où celle-ci quitte l'arc. L'efficacité d'un arc dépend de deux facteurs ; le premier est d'ordre statique : l'archer essaie d'emmagasiner le plus possible d'énergie dans son arc, dans les limites de sa force et de la longueur de son bras. Le deuxième est la dynamique de la décoche, pendant laquelle le maximum possible d'énergie stockée doit se transférer sur la flèche. Ces deux phases sont influencées par les matériaux employés dans la fabrication des branches, mais elles sont intimement liées, car à la base se trouve le même mécanisme qui, à la fois emmagasine l'énergie et la libère.

Au début des années 1950, on découvrait les matières plastiques et la fibre de verre. Ces nouveaux matériaux ont permis alors bien des innovations. Les Américains se mirent à fabriquer des arcs galbés en « composite » amalgame de bois et de fibre de verre stratifié, ouvrant ainsi réellement la voie des arcs modernes.

Les premiers arcs à double courbure étaient faits d'une seule pièce, corps et branches fixes. Ces arcs sont toujours fabriqués, dans des séries d'arcs pour enfants ou pour les débutants. C'est un arc léger pesant moins d'un kilogramme. Certains arcs de chasse courts sont également faits d'une seule pièce.

Cependant l'arc d'une seule pièce présente quelques inconvénients. Par exemple, la force des branches ne peut être modifiée. Si l'on désire un arc plus puissant ou plus faible, il faut en changer complètement. Il est encombrant, peu facile à ranger, ce qui le rend vulnérable aux chocs ; ses branches risquent de se voiler. Mais les qualités fondamentales des arcs d'une seule pièce sont égales à celles des arcs démontables.

Trois parties

L'arc démontable est le plus utilisé aujourd'hui par tous les archers quel que soit leur niveau. Il a commencé sa carrière en 1972, aux jeux Olympiques de Munich. C'est, en effet, avec un prototype d'arc démontable que John Williams (U.S.A.) remportera le premier titre olympique de ce sport.

L'arc démontable est bien évidemment facile à ranger et à transporter, généralement dans une malette conçue à cet effet. Il permet de disposer de plusieurs paires de branches de puissances différentes pour un seul corps, ou d'en changer une seule à moindre frais en cas d'accident.

L'arc démontable est plus lourd que l'arc d'une seule pièce, il pèse, nu, entre 1,4 kg et 1,8 kg, ce qui est un avantage.

***Record*, arc à double courbure, poignée en magnésium ; branches en bois et fibre de verre. Hauteurs 66, 68, 70 pouces, puissances de 26 à 36 lbs.**

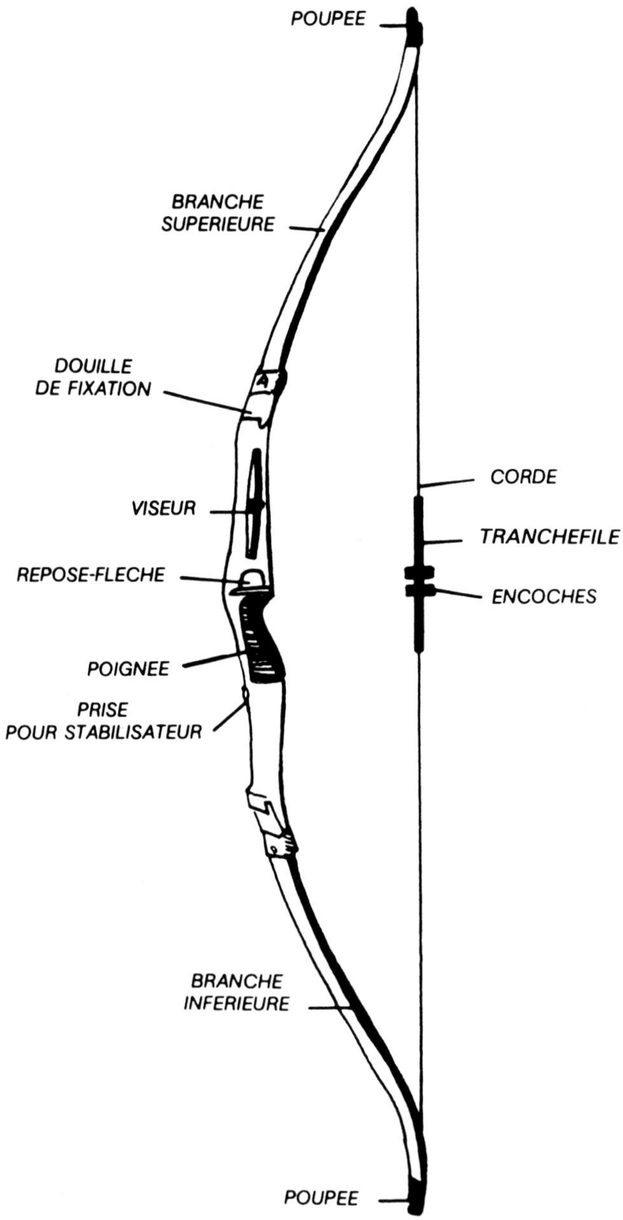

Figure 1 : Composition de l'arc.

L'arc se compose de trois éléments : le corps et les deux branches.

Corps de l'arc

Le corps de l'arc est sa partie rigide, sur laquelle sont fixées les branches flexibles. Il est en bois ou en métal. Le corps d'arc en bois est fabriqué avec plusieurs essences rares, sycomore, bois de rose, par exemple, collées ensemble. On y ajoute de la fibre de verre pour augmenter son poids et sa rigidité. Le corps d'arc en bois est une belle pièce finie à la main, ce qui en justifie le prix. Il est agréable à l'œil et au toucher. Les galbes de la poignée, partie du corps servant à tenir l'arc, sont étudiés pour épouser au mieux la forme de la main de l'archer, largeur de la paume, longueur et épaisseur des doigts. C'est la raison pour laquelle il y a tant de variétés de formes de poignées d'arc en bois. Il y a bien sûr des poignées différentes pour les gauchers et les droitiers.

Beaucoup d'archers préfèrent les corps d'arcs en métal, plus lourds, plus fiables, moins chers. Les corps d'arcs en métal, alliage d'aluminium ou de magnésium, métal extrêmement résistant aux différences de température, sont moulés sous haute pression. Dans une fabrication en série ils sont tous rigoureusement identiques.

La hauteur du corps de l'arc, qu'il soit en bois ou en métal, est différente d'un modèle à l'autre. Pour la chasse on choisit un corps d'arc plus court que pour le tir en compétition sur cible. Chaque extrémité du corps d'arc est munie d'un système de fixation pour recevoir les branches. Certaines de ces fixations à inclinaison permettent de modifier en plus ou en moins la puissance de l'arc sans en changer les branches.

Le corps de l'arc comprend deux parties. En haut une découpe sur le côté, appelée fenêtre, qui permet le passage de la flèche par le centre de l'arc. En dessous est située la poignée. La hauteur de la fenêtre varie selon les modèles. Elle doit être suffisante pour laisser la place nécessaire à la pose du repose-flèche, du bouton écarteur et éventuellement du contrôleur d'allonge. La flèche doit passer sans que les plumes touchent l'arc. Sur sa face avant le corps de l'arc est équipé de viroles destinées à la fixation des stabilisateurs et du viseur. Une autre est prévue à l'arrière de la poignée pour recevoir un compensateur de poids.

La poignée placée sous le plancher de la fenêtre est une large échancrure taillée dans la forme du corps d'arc, qui sert de point d'appui à la fourche de la main formée entre le pouce et l'index. Sur certains arcs en métal, les poignées en plastique moulé sont interchangeables, ce qui aide à trouver le modèle convenant le mieux à la morphologie de la main du tireur.

Dans toutes les fabrications d'arcs en métal, il existe des modèles de corps et de poignées pour les droitiers et les gauchers.

Branches

Les branches font toute la valeur mécanique de l'arc. Elles emmagasinent l'énergie qui sera libérée au moment de la décoche. D'elles dépend toute « la chasse » et l'efficacité de l'arc. La composition et la fabrication des branches actuelles permettent aux tireurs d'excellentes performances.

La branche d'arc est faite de plusieurs couches stratifiées de différents matériaux, amalgame de bois, et de fibre de verre. L'ensemble est soigneusement collé à l'aide de résines spéciales, particulièrement fiables. Chaque fabricant a son laminage de branches breveté. Certains industriels ont introduit dans la composition de leurs branches de la fibre de carbone. Ce matériau offre une résistance à la traction très élevée, pour une faible densité. On l'emploie également dans la fabrication des clubs de golf, des raquettes de tennis, des skis.

La qualité et l'épaisseur de la lamelle de bois centrale déterminent la force de propulsion de l'arc. On l'appelle l'âme de l'arc. Un bois tendre, comme le sapin, donne un arc faible, mou. L'if, le sycomore, l'érable, le cèdre, l'hichory, le hêtre, sont généralement employés dans la fabrication des arcs de compétition ou de chasse, plus durs. De l'épaisseur de cette lamelle de bois dépend la puissance de propulsion de l'arc, donc son aptitude à envoyer une flèche loin, cent mètres par exemple, et avec une force de pénétration suffisante à la chasse.

Le nombre des lamelles stratifiées et leur rôle est différent qu'il s'agisse de la partie extérieure ou intérieure à l'âme de l'arc. En effet, la face extérieure de l'arc travaille à l'extension, elle doit résister aux efforts de tension, la lamelle intérieure de bois travaille à l'aplatissement, elle subit les poussées et doit rester souple ; la face interne de la branche travaille à la compression et doit résister aux efforts de flexion.

Les branches sont pourvues d'un talon de fixation au corps de l'arc.

Les extrémités des branches appelées poupées sont renforcées et creusées de manière à recevoir les œillets de la corde.

La branche supérieure de l'arc est légèrement différente de la branche inférieure. Les tensions exercées sur les branches ne sont en effet pas les mêmes, elles varient en fonction de la place des doigts sur la corde. La branche inférieure est toujours renforcée. Il ne faut donc pas intervertir la disposition des branches.

L'arc « compound » ou arc à poulies

L'arc « compound » est un arc équipé de câbles reliés par des poulies placées aux extrémités des branches. Ces câbles permettent d'augmenter la tension des branches, de manière à leur donner une énergie accrue.

Le mot « compound » en anglais veut dire « composé » dans le sens de « arranger, composer avec un adversaire ». L'arc

H.W. Allen, l'inventeur des arcs « compounds essayant l'un de ses modèles.

« compound » permet au tireur de « composer » avec l'effort à fournir pour le bander et le tenir pendant la visée.

C'est un Américain, chasseur à l'arc, H.W. Allen, qui eut le premier, en 1961, l'idée de combiner sur un arc un système de câbles et de poulies, afin de démultiplier la puissance de propulsion de son arc. Depuis cette date, les arcs « compound » ont été développés et affinés pour arriver maintenant à une qualité très appréciée.

Allen commença par placer des poulies concentriques sur des arcs dont il avait scié les courbures extrêmes des branches. En 1965, il essaya des poulies excentriques et obtint des résultats meilleurs. Il découvrit qu'en raccourcissant encore les branches on avait moins à se soucier de l'inertie plus ou moins importante des branches de l'arc. On pouvait ainsi obtenir l'extension souhaitée et alléger considérablement l'ancrage grâce au déroulement des poulies excentriques. D'autre part, au moment où l'on retient une force inférieure à celle que l'arc a en puissance, on peut tirer avec une flèche plus légère à poids égal de traction pour une allonge donnée. En effet, sur le « compound », la flèche est immédiatement propulsée dès que la puissance extrême de l'arc est atteinte, sans explosion soudaine de l'énergie déployée au moment de la décoche comme sur un arc normal.

L'arc « compound » propulse la flèche une fois et demie plus rapidement qu'un arc à branches courbes pour une traction égale. Allen a démontré que ce rapport traction/puissance réelle est de 1 par 3. Ainsi un arc « compound » nécessitant une traction de 50 livres anglaises (22,650 kg) a une propulsion réelle de 150 livres (68 kg). Ce rapport est constant quelle que soit la force de l'arc. Des essais sur des rapports plus élevés 1 par 5, par exemple, n'ont donné aucun résultat. La corde n'ayant plus assez de tension. Le poids maximum de traction se produit aux deux tiers de la tension. La réduction de l'effort de traction du tireur est de l'ordre de 18 à 25 %, et même de 50 % sur les derniers modèles équipés de cames excentrées.

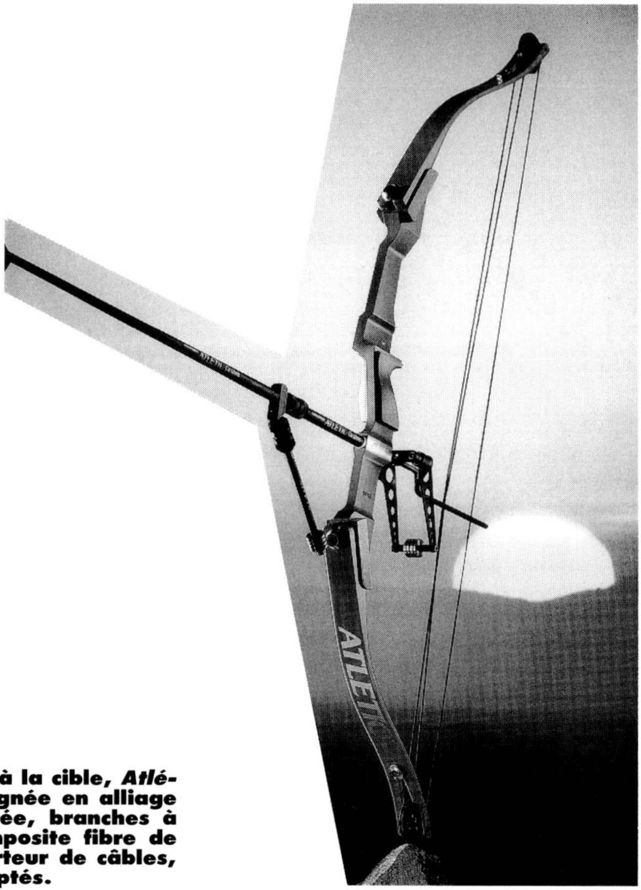

Arc à poulies pour le tir à la cible, *Atlétic*, modèle *Profirst*. Poignée en alliage magnésium, corde centrée, branches à double courbure en composite fibre de carbone/céramique, écarteur de câbles, stabilisateurs V-bar adaptés.

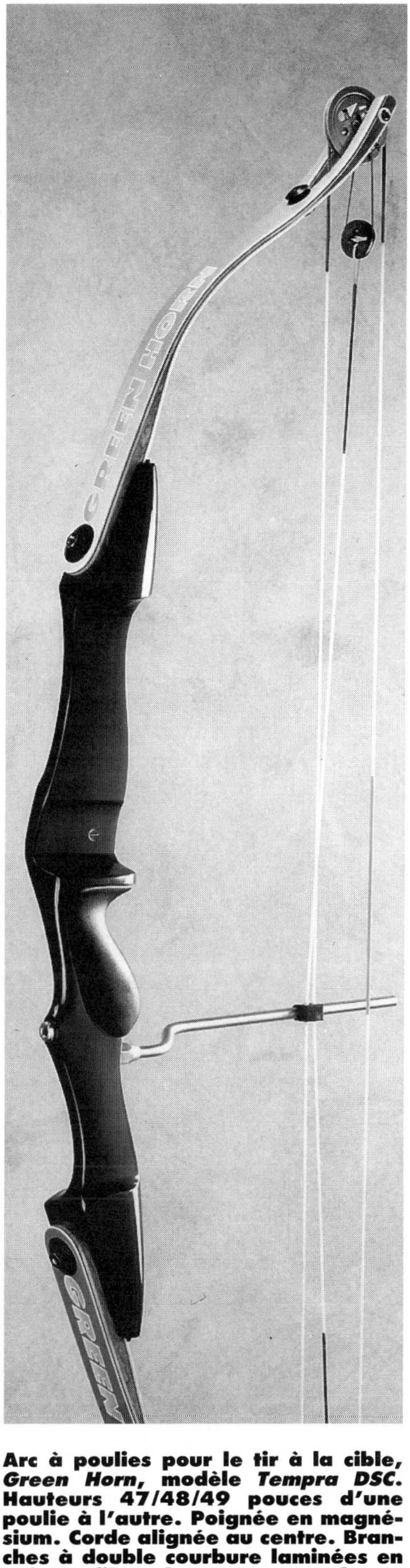

Arc à poulies pour le tir à la cible, *Green Horn*, modèle *Tempra DSC*. Hauteurs 47/48/49 pouces d'une poulie à l'autre. Poignée en magnésium. Corde alignée au centre. Branches à double courbure laminées en bois et fibre de verre ou carbone. Démultiplication de puissance 65 %.

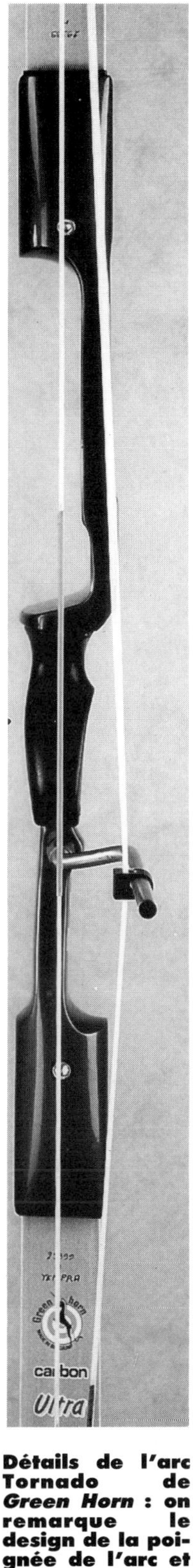

Détails de l'arc Tornado de *Green Horn* : on remarque le design de la poignée de l'arc et le passage de la corde en son milieu.

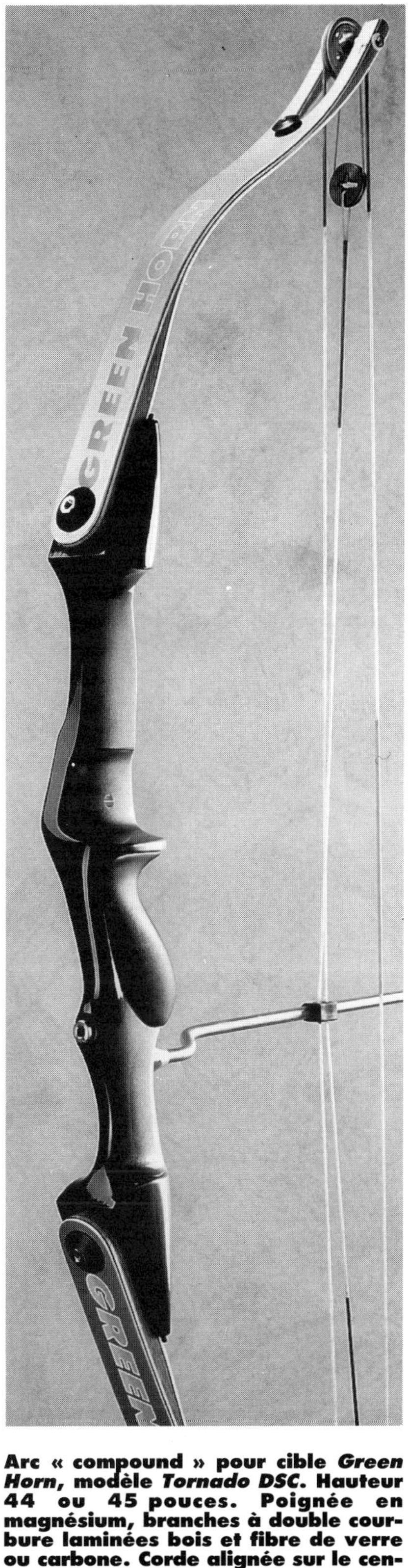

Arc « compound » pour cible *Green Horn*, modèle *Tornado DSC*. Hauteur 44 ou 45 pouces. Poignée en magnésium, branches à double courbure laminées bois et fibre de verre ou carbone. Corde alignée sur le centre de l'arc grâce à un nouveau design. Écarteur de câbles.

***Sensation*, arc à poulies pour tir à la cible. Poignée en magnésium ; branches fendues en fibre de verre ; écarteur de câble ; poulies en métal excentriques à démultiplication de puissance de 60 %. Hauteur 44 pouces d'un axe de poulie à l'autre ; puissances de 35 à 70 lbs.**

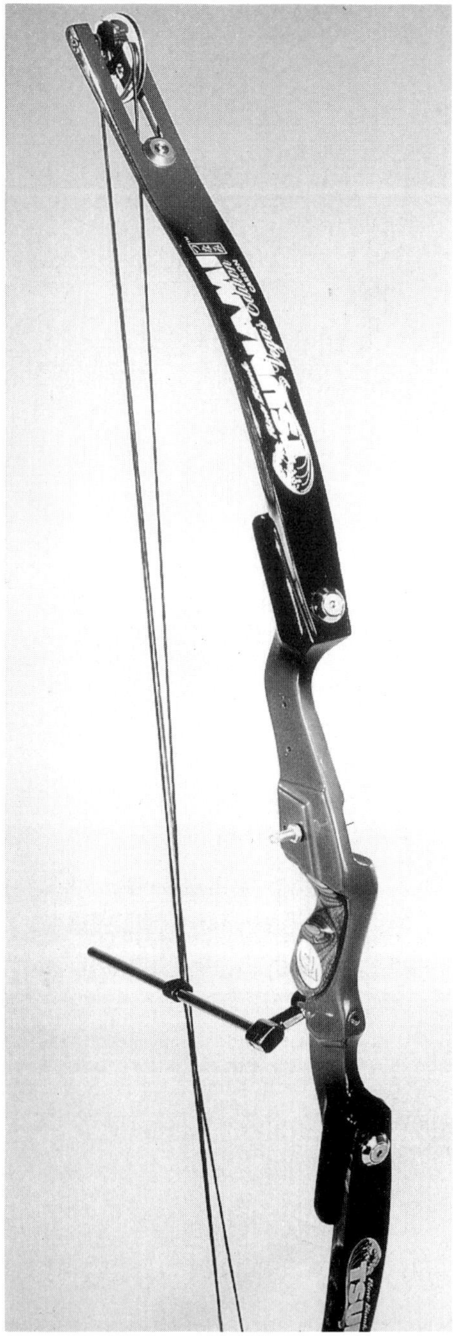

***Tsunami*, nom de l'immense vague de l'Océan provoquée par les tremblements de terre sous-marins a été choisi par la firme américaine Pro Line pour désigner cet arc à poulies pour tir à la cible. Il mesure 47 pouces (119,4 cm) d'un axe de poulie à l'autre ; énergie modulaire ; puissance de 35 à 80 lbs pour des allonges de 66 à 88 cm. Ces arcs sont proposés en plusieurs couleurs.**

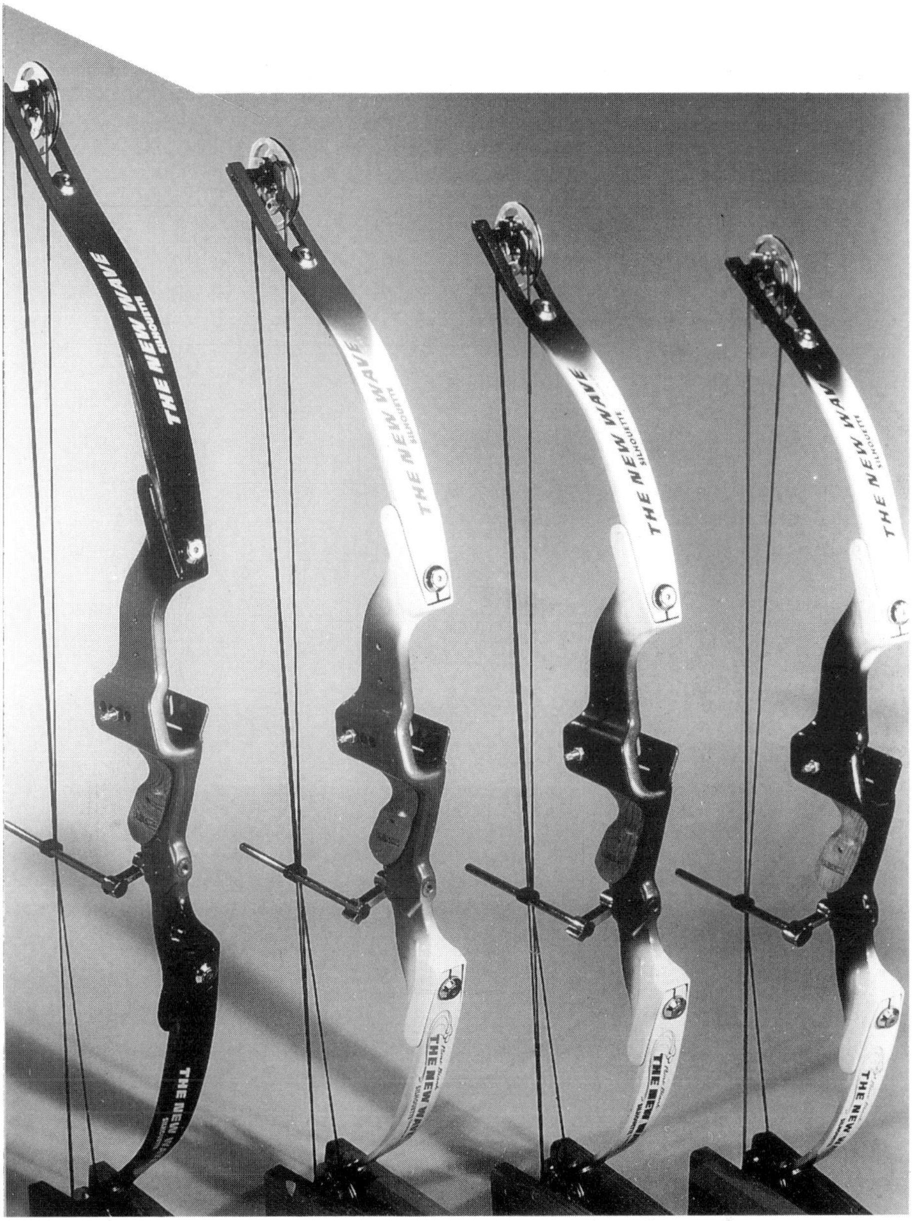

Arcs *Silhouette* de la gamme *The new ware,* Pro Line. Hauteurs disponibles 99 à 117 cm d'un axe de poulie à l'autre. Branches à double courbure, composite bois et fibre de carbone laminé. Puissance 35 à 80 lbs.

Les derniers modèles d'arcs à poulies gagnent en simplicité. Les cames de rappel sont incorporées aux poulies. La corde est centrée ; les câbles écartés ne gênent pas la visée.

Poulies et cames

Parmi les derniers modèles d'arc « compound » certains sont équipés de quatre poulies ou cames. En plus des poulies fixées à l'extrémité des branches, deux cames (poulies ovales) sont placées à l'intérieur, de part et d'autre du corps de l'arc. Dans les derniers modèles les cames sont incorporées aux poulies. Les cames actionnent un câble directement relié à l'extrémité des branches, de part et d'autre des poulies de rappel de la corde. Quand on tend la corde, les deux cames basculent vers l'avant et entraînent les deux câbles intérieurs. Ces câbles tirent sur les branches indépendamment de la traction de la corde. A la décoche, les énergies accumulées par les deux systèmes conjugués s'additionnent, et propulsent la corde beaucoup plus vite que ne peut le faire un arc normal, même puissant. La vitesse de sortie de la flèche peut atteindre 400 km/h, 6,66 km/mn.

L'emploi de ce type d'arc implique de la part du tireur une grande précision de la visée et de la décoche.

Les branches de l'arc « compound » sont en composite laminé de bois et fibre de carbone comme celles des arcs à double courbure. Elles sont amovibles et montées à l'extérieur du corps de l'arc, ce qui permet d'utiliser des flèches plus courtes, donc plus rapides. L'arc « compound » mesure en général 1,22 m de haut, parfois moins, ce qui le rend parfaitement maniable à la chasse.

Le corps du « compound » est en métal. En alliage de magnésium il est léger et résistant. Il est important que la poignée soit recouverte d'un produit, le vinyl, par exemple, afin de ne pas tourner ou glisser dans la main.

Le réglage de l'arc « compound » est assez délicat. Il est en effet, très important de bien placer et d'équilibrer les poulies et les cames, afin qu'elles tournent absolument en même temps à la même vitesse. Le point d'encoche sur la corde doit être exactement centré. Le repose-flèche est flexible de préférence pour permettre une sortie de flèche rapide et facile. Une fois réglé l'arc « compound » n'a pas besoin d'être débandé, ce qui est un grand avantage.

Équipement de l'arc

Pour fonctionner, l'arc est équipé d'une corde, d'un repose-flèche, d'un viseur, d'un ou plusieurs stabilisateurs. D'autres accessoires peuvent être ajoutés comme un bouton de pression pour écarter la flèche, et un contrôleur d'allonge.

La corde

La corde des arcs modernes est en dacron, en Kevlar ou en « fast flight » mélange de fibres synthétiques. Le dacron, surtout utilisé pour la chasse, existe en deux sortes, l'une étant plus forte pour les arcs puissants. Le Kevlar est une fibre plus fine que le dacron, mais qui offre une plus grande résistance à la traction. Le Kevlar comme le « fast flight » n'ont aucune élasticité, ce qui donne une plus grande poussée à la flèche, donc une meilleure précision de tir. Le « fast flight » ou « Spectra » est plus solide que le Kevlar, il a la réputation d'être incassable.

La corde doit être souple, imperméable, elle ne doit pas s'allonger exagérément à l'état neuf. Après une cinquantaine de flèches tirées, elle est rôdée et ne doit plus bouger. La corde est composée d'un certain nombre de brins qui varie selon la force de l'arc. Pour un arc de moins de 11,8 kg, les fabricants conseillent une corde de huit brins ; de 12 à 16 kg, dix brins ; de 16 à 20 kg, douze brins.

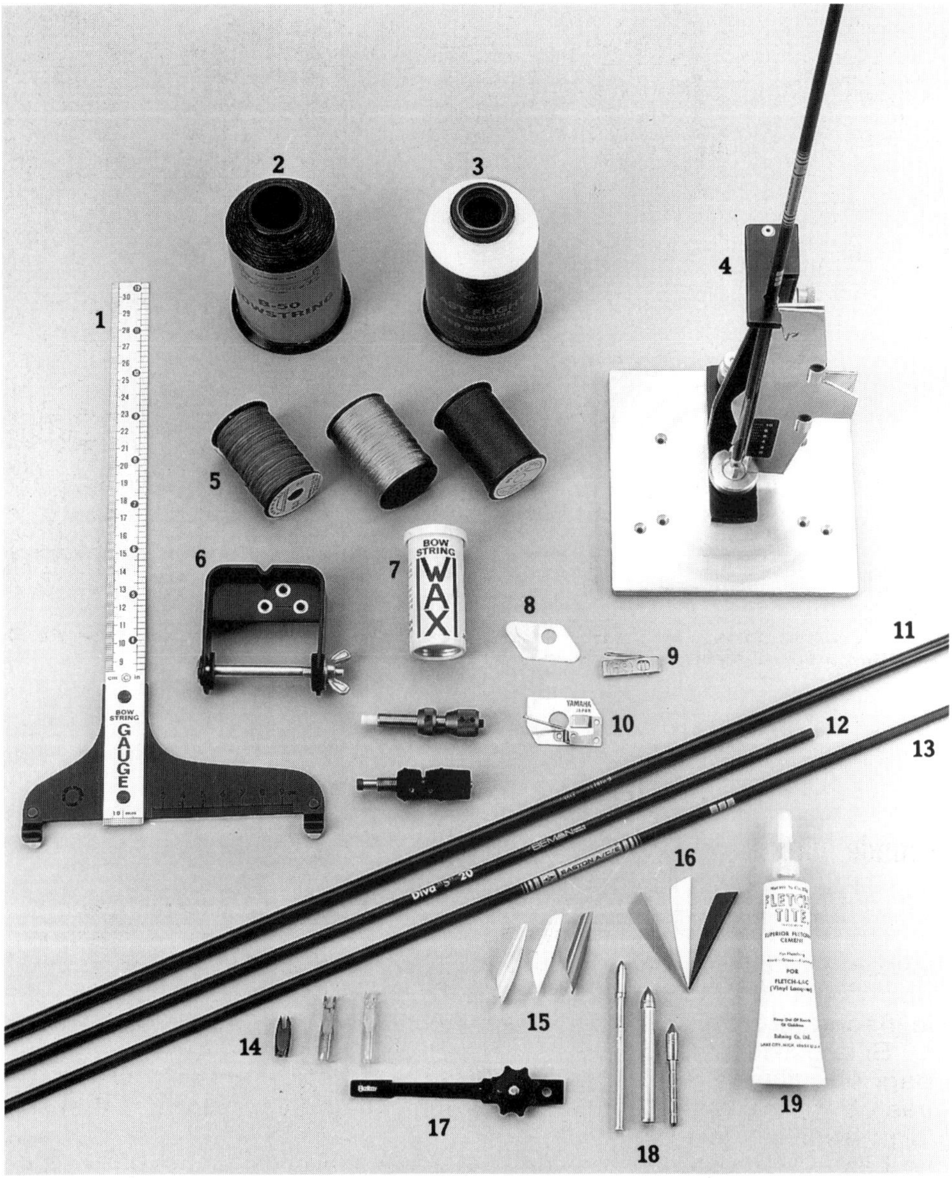

1) Équerre de détalonnage pour la mise en place des points d'encoche sur la corde. 2) Bobines de fil Dacron. 3) Bobine de fil « Fast fligth ». 4) Machine à empenner les flèches. 5) Trois bobines de fil pour tranche fil de différentes épaisseurs. 6) Appareil à tranche-fil. 7) Cire pour lustrer les cordes. 8) Repose-flèche « super-rest ». 9) Repose-flèche « Spigarest ». 10) Repose-flèche « Flip » de Yamaha. 11) Tube de flèche en aluminium Easton. 12) Tube de flèche Diva « S » de Beman, entièrement en carbone. 13) Tube de flèche Easton ACE, en aluminium et carbone. 14) Trois modèles d'encoches : Bjorn, Beman, ACE. 15) Plumes en plastique courtes. 16) Plumes en plastique longues. 17) Clicker Beiter. 18) Pointes de flèches : Easton ACE, Easton ogive, Beman The Standard. 19) Tube de colle pour empennage.

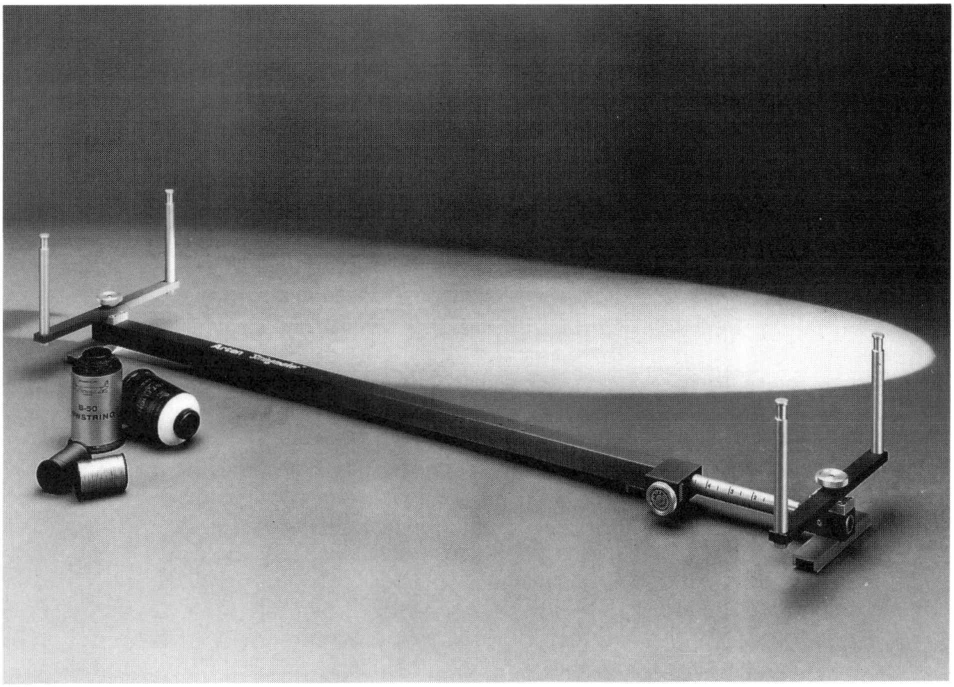

Métier à cordes *Arten* et bobines de fil. Cet appareil sert à torsader les brins de fil sur la longueur désirée pour faire des cordes sur mesure.

Grande vitesse

La longueur de la corde est fonction du « band » de l'arc.

On appelle le band de l'arc, la distance qui sépare le fond de la poignée (centre de l'arc) de la corde, lorsque l'arc est au repos, normalement tendu. Le band détermine la vitesse de sortie de la flèche (200 à 300 km/h selon la puissance de l'arc).

Si la corde est trop longue, le band est faible ; la corde accompagne la flèche trop loin, au détriment de la précision. Dans le cas contraire, un band fort, dû à une corde trop courte, diminue la puissance de l'arc.

Les constructeurs indiquent sur leurs arcs le band conseillé selon la hauteur de l'arc. Ainsi :

hauteur de l'arc :	64 inches (162 cm)	band de :	20	à	21	cm.
" "	66 inches (168 cm)	" "	21	à	22	cm.
" "	68 inches (173 cm)	" "	22	à	23	cm.
" "	70 inches (178 cm)	" "	23	à	24	cm.

La partie médiane de la corde est garnie d'un « tranche fil » surliure faite d'un fil de nylon enroulé dessus. Ce tranche fil évite que le frottement des doigts et de l'encoche de la flèche n'use prématurément la corde.

Position de la flèche

C'est sur le tranche fil que sont fixés les repères d'encochage. Pour déterminer l'emplacement exact, on se sert d'une « équerre d'archer ».

Placer l'équerre sur le repose-flèche, la partie verticale adossée à la corde, l'angle de l'équerre est le point zéro. La base de l'encoche doit se trouver 3 à 5 millimètres au-dessus du point zéro. A l'aide d'une pince spéciale, on fixe à l'endroit déterminé deux petits anneaux métalliques entre lesquels viendra se placer l'encoche de la flèche. Ces repères ne doivent jamais bouger au risque de dérégler le tir.

On vérifie le bon emplacement des repères d'encoche en tirant une flèche dans un paillon à une distance de deux mètres. Il faut tenir l'arc à hauteur d'épaule.

On observe la position de la flèche dans le paillon. Si l'arrière de la flèche est dirigé vers le bas, le repère d'encoche est placé trop bas. Si l'empennage est dirigé vers le haut, le repère d'encoche est placé trop haut. Il faut modifier en conséquence l'emplacement du repère d'encoche sur le tranche fil, de manière à ce que la flèche arrive horizontalement dans le paillon.

A chacune de ses extrémités la corde est terminée par une boucle renforcée. Cette boucle ou œillet se place dans les gorges des « poupées » au bout des branches, pour bander l'arc. Cette opération est facilitée à l'aide d'un bandoir « fausse corde ». Il s'agit d'une corde plus longue que celle de l'arc, munie à chaque extrémité d'une poche en cuir que l'on glisse sur chaque bout des branches de l'arc. En maintenant la corde à terre, par un pied, on monte l'arc perpendiculairement jusqu'à ce que l'on puisse fixer la corde de l'arc sans effort.

Lorsqu'il aborde les compétitions, l'archer doit disposer de plusieurs cordes rodées, c'est-à-dire qui ont déjà tiré cinquante flèches, pour pouvoir en changer en cas d'accident. Au bout de 500 flèches tirées en concours, il est préférable de garder cette corde pour l'entraînement et d'en monter une nouvelle pour la prochaine compétition.

Nombre de brins de corde
à employer selon la puissance de l'arc

8 brins pour les arcs de moins de 25 lb.
10 brins pour les arcs de 25 à 35 lb.
12 brins pour les arcs de 35 à 45 lb.
14 brins pour les arcs de 45 à 55 lb.
16 brins pour les arcs de 55 à 70 lb.
18 brins pour les arcs de 70 lb et plus.

La « sucette »

Certains débutants montent sur la corde une « nazette » ou une « sucette ». Ce sont des petites pastilles en os ou en plastique que l'on enfile sur la corde et fixe à la hauteur du nez ou des lèvres. Lorsque l'on tire, on peut être ainsi assuré de toujours retrouver le même point de traction, la « nazette » ou la « sucette » venant se placer à la base du nez, ou entre les lèvres, au moment de l'accrochage. Toutefois, l'utilisation de la sucette est aléatoire, car la position des lèvres varie dans tous les sens, suivant la fatigue du tireur. La ligne de visée risque de changer et de modifier le tir. Il est préférable d'apprendre à bien ancrer sa main de corde, sans l'aide de la sucette.

Le repose-flèche et le bouton écarteur

Le repose-flèche se fixe au centre de la joue d'arc, au-dessus du plancher de la fenêtre d'arc. C'est une petite languette souple qui sert de guide à la flèche, et lui permet de rester dans l'axe de rotation de l'arc. Elle sera ainsi moins sensible aux à-coups d'une décoche défectueuse. Il existe plusieurs modèles de repose-flèche, en plastique, en cuir, métallique, en feutre ou brosse. Ces derniers sont utilisés principalement pour la chasse.

Pour le tir, il faut choisir un repose-flèche en fonction de l'empennage des flèches. Il est nécessaire en effet que le repose-flèche laisse passer les plumes sans effectuer de pressions dessus qui dévieraient la trajectoire.

Les repose-flèches en plastique mi-dur moulé, sont les plus satisfaisants et les plus couramment montés sur les arcs.

Toutefois si l'on emploie des flèches empennées de plumes naturelles, on choisit un repose-flèche également muni de plumes.

Le repose-flèche se colle sur la paroi intérieure de la joue d'arc, à 15 millimètres au-dessus du plancher d'arc.

Pour les empennages en plastique, de dimensions courantes, on fixe le repose-flèche en plastique mi-dur ou métallique, à 17 millimètres environ au-dessus du plancher d'arc.

Écartement

Le bouton écarteur en téflon est souvent incorporé au repose-flèche. Il permet de maintenir le tube de la flèche bien centré par rapport à la ligne médiane verticale de l'arc. Un archer américain, Victor Berger, a inventé il y a quelques années, un bouton écarteur muni d'un ressort réglable, permettant une pression variable sur la flèche. Cet appareil agit alors comme un amortisseur, que l'on peut durcir ou amollir à volonté. Ce bouton ressort est

Ce bouton de pression placé sur la joue d'arc maintient la flèche en ligne. *« Berger Button AGF »*.

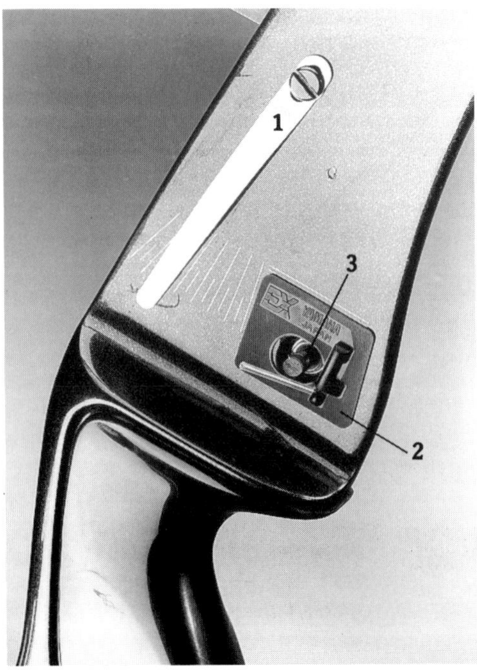

A l'intérieur de la joue d'arc, le clicker (1), le repose-flèche (2) et le bouton de pression (3) permettent d'assurer un maximum de régularité au placement de la flèche.

difficile à régler, et n'est pas conseillé aux débutants. Il faut déjà avoir une décoche assurée et identique à chaque flèche, pour que cet appareil soit utile.

Le réglage s'effectue de la façon suivante : d'abord centrer parfaitement la flèche en agissant sur le pas de vis. Tirer plusieurs flèches sans empennage dans un paillon placé à 4 ou 5 mètres de distance. Si l'arrière de la flèche se trouve orienté à gauche dans le paillon, il faut durcir le ressort du bouton ; à droite, il faut l'amollir. La pression idéale du ressort ne se trouve que par tâtonnement. On vérifie ensuite en tirant à 15 et à 20 mètres, des flèches normalement équipées de leurs plumes, jusqu'à ce que les flèches arrivent à angle droit dans le paillon.

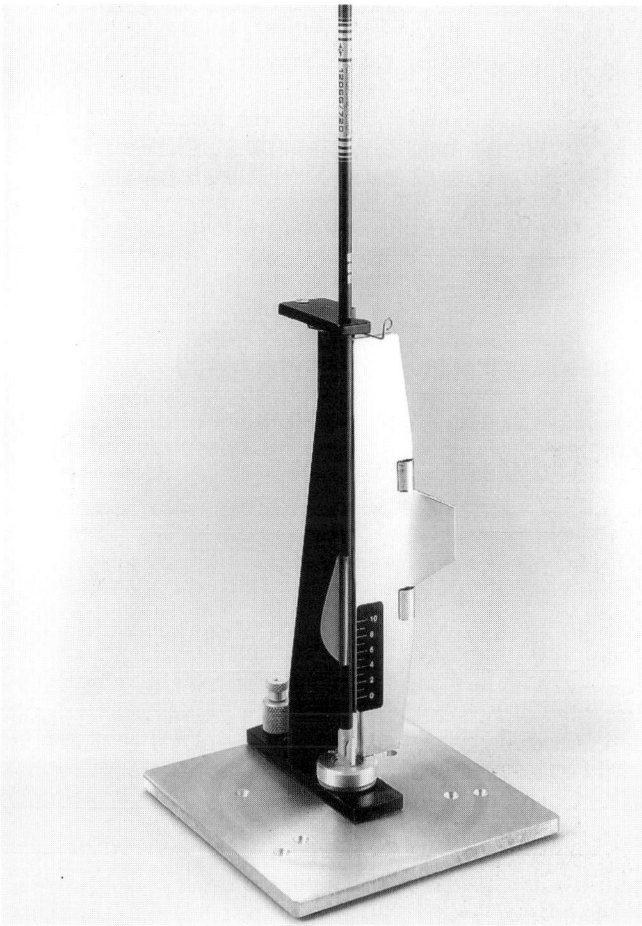

Machine à empenner. Le règle graduée permet de placer les trois plumes à hauteurs égales. La pince maintient la plume le temps nécessaire au collage.

Le contrôleur d'allonge

Le contrôleur d'allonge, appelé couramment clicker, est une petite lame d'acier souple, formant ressort, fixée contre la joue intérieure de la fenêtre d'arc, en avant du repose-flèche. Cet appareil sert à maintenir le fût de la flèche plaqué contre le bouton écarteur ; il empêche la flèche de tomber. Il a surtout pour but d'indiquer au tireur qu'il a atteint sa pleine allonge. Lorsque l'archer est arrivé à la pleine traction de la corde, la lame d'acier libère la flèche en faisant un petit bruit métallique, d'où le nom de clicker. Le tireur a atteint sa pleine allonge, il peut parfaire sa visée et décocher. Il ne devrait jamais lâcher immédiatement la corde lorsqu'il entend le déclic... mais la tentation est grande.

Pour être efficace, le contrôleur d'allonge doit être mis à la bonne place sur la fenêtre d'arc. Cet emplacement est déterminé par l'allonge réelle de l'archer.

Pour la trouver, il faut bander l'arc, flèche encochée. Conserver la tension pendant une dizaine de secondes. Noter l'endroit où se trouve la pointe de flèche sur la joue d'arc, soustraire deux ou trois millimètres pour avoir une petite réserve.

Fixer le clicker. Faire un premier essai, en décochant dès que l'on entend le bruit du déclenchement du clicker. Faire de nombreux essais sans se décourager, car la place exacte du contrôleur d'allonge est vraiment difficile à déterminer. Ne pas oublier que c'est au moment précis de la contraction musculaire finale du dos, que doit se déclencher le clicker. Continuer les essais sur au moins trois ou quatre cents flèches avant d'être sûr que la position du contrôleur d'allonge choisie est la bonne.

Le viseur

Le viseur de tir à l'arc ne comporte qu'un seul point de visée, guidon, grain d'orge, ou croisillon.

Le viseur est fixé à l'avant de l'arc et permet à l'archer de viser la cible le plus exactement possible. En effet, si la ligne du regard de l'archer, du pas de tir à la cible est une ligne absolument droite, la flèche décrit une trajectoire parabolique pour effectuer le même parcours. L'écart entre ces deux parcours est très important, il détermine en partie la justesse du tir. La fonction du viseur est d'évaluer la hauteur de cette parabole engendrée par le trajet de la flèche. Tous les viseurs ont cette fonction.

1) Viseur ***AGF Safari*** monté sur une tige de prolongement, permettant de la placer loin en avant de l'arc. **2)** Viseur ***Arten*** R-10. **3)** Viseur R-5 extension ***Arten***. **4)** Jumelles indispensables pour vérifier les impacts, ***Minolta***. **5)** Stabilisateur central en aluminium, ***Arten***. **6)** V-Bar et deux compensateurs en aluminium, ***Arten*** ; **7)** Trois palettes en cuir doublées avec écarteur de doigts. **8)** Dragonne de doigts et dragonne en nylon.

Le viseur est essentiellement formé de :

- une barre plate, ou cylindrique, graduée ou non. Choisir de préférence une barre graduée en millimètres, plutôt qu'en mesures anglaises ;
- un bloc coulissant, réglable en hauteur et en largeur, auquel est fixé l'aiguille de visée, et que l'on fait glisser le long de la barre. Le bloc à coulisse permet de déterminer la distance entre l'archer et la cible. Une fois celle-ci définie, le bloc est déplacé sur la barre à la distance désirée, puis fixé à l'aide d'une vis. Dans les viseurs les plus simples, le bloc est déplacé à la main et dans les autres il est muni d'un système d'engrenage de deux roues dentées placées entre la barre et le bloc à coulisse ;
- une aiguille, centre de visée, libre ou placée au centre d'un anneau formant tunnel, plus ou moins large. La pointe de l'aiguille est munie d'une petite boule d'un millimètre de diamètre qui permet de centrer exactement la cible visée. La dimension de l'anneau varie. Certains anneaux sont munis d'un niveau ou d'une loupe, certaines pointes d'aiguilles sont lumineuses ou phosphorescentes, mais l'emploi de l'un ou l'autre de ces instruments est rigoureusement interdit dans les règlements des compétitions. L'aiguille ou l'anneau qui l'entoure, est fixé au bloc coulissant, soit par un ressort qui se trouve à l'intérieur du bloc et permet d'écarter ou de rapprocher latéralement la pointe de l'aiguille de visée, soit par une petite vis.

Réglages

Les viseurs les plus perfectionnés permettent un réglage en hauteur et en largeur, au millième de millimètre.

Depuis une quinzaine d'années, les archers ont pris l'habitude de munir leur viseur d'un extenseur. L'extenseur est une tige de métal percée à intervalles réguliers, graduée. Elle sert à fixer le viseur en avant de l'arc, ce qui a pour effet d'augmenter la distance entre l'œil et le viseur. Or, la vue, du fait de cet éloignement, est plus nette, la vision plus claire. Lorsque l'on regarde de trop près, la vision a tendance à être floue.

D'autre part, avec un extenseur, le champ de vision est rétréci, et par conséquent les chances de centrer parfaitement le but augmentent. Le tir devient plus sûr. Mais l'utilisation d'un extenseur n'est pas absolument indispensable. Il ne doit être fixé à l'arc que pour apporter un élément de confort supplémentaire à la visée.

Le stabilisateur et le compensateur

Le stabilisateur et le compensateur favorisent le maintien de l'arc en ligne. En effet, au moment de la décoche l'arc subit divers mouvements vibratoires à partir de son centre de gravité : l'arc tourne de gauche à droite en un mouvement de rotation ; il bascule de haut en bas, c'est-à-dire qu'il plonge en avant ; et il tangue de gauche à droite ou inversement. Les stabilisateurs ont pour objet de diminuer, voire de supprimer, ces inconvénients.

Autrefois le stabilisateur était incorporé à l'arc d'une seule pièce. Il était formé dans le même matériau que l'arc. Ce type de stabilisateur était encore rudimentaire, pas très lourd. Son efficacité était limitée. On les alourdit par la suite en les remplissant de mercure ou de métal.

Ce n'est qu'en 1959, que les fabricants ont fixé sur les arcs des stabilisateurs indépendants métalliques. Ces stabilisateurs sont faits d'une tige d'aluminium dont l'une des extrémités est munie d'un pas de vis afin de pouvoir le fixer sur l'arc. C'est ce type de stabilisateur que l'on emploie toujours aujourd'hui.

Il existe différentes sortes de stabilisateurs dont les effets sont particuliers à chacun. C'est pourquoi beaucoup d'archers montent jusqu'à deux ou trois sortes de stabilisateurs et même de compensateurs en plus, afin d'obtenir la plus grande stabilité possible de leur arc.

Inertie

Le stabilisateur simple se fixe juste sous la poignée. Son poids et sa longueur sont calculés en fonction de la force d'inertie. La force d'inertie est la résistance que les corps opposent aux mouvements. La force d'inertie est définie en multipliant le poids par la longueur du stabilisateur. Celui-ci, bien calculé, diminue les mouvements de rotation de gauche à droite de l'arc et la rotation circulaire de haut en bas de l'arc au moment de la décoche. Il permet à la flèche une trajectoire plus sûre. L'emploi de ce seul stabilisateur demande une concentration accrue de l'archer, tout le poids étant concentré sur un seul point.

Le double stabilisateur est constitué de deux petits stabilisateurs, souvent appelés compensateurs. L'un : compensateur extérieur haut ; l'autre : compensateur extérieur bas. Tous deux sont fixés à une distance égale de la poignée, généralement au départ des branches de l'arc. Ils ont naturellement le même poids et la même longueur. Dans ce cas, la force d'inertie recherchée est partagée en deux et répartie dans chacun des compensateurs.

Le poids est ainsi mieux réparti, et l'arc est moins fatigant à tenir pour l'archer. Ces compensateurs dissipent les vibrations de façon aussi efficace que le stabilisateur simple. Cependant l'arc est moins lourd, il devient plus facile à tirer.

Le triple stabilisateur unit à la fois le simple et le double stabilisateur. Cette formule, du fait de sa lourdeur présente à la fois un avantage et un inconvénient :

- avantage : son poids dû aux trois stabilisateurs assure une plus grande stabilité ;
- inconvénient : l'arc a facilement tendance à pencher en avant.

Le compensateur intérieur bas n'est jamais utilisé seul, mais toujours avec l'un des trois stabilisateurs ci-dessus ; il se place sur la face interne de l'arc, juste au-dessous de la poignée. Il permet d'équilibrer l'arc. Les stabilisateurs placés à l'avant de l'arc ont tendance à faire basculer celui-ci vers le bas. Ce compensateur intérieur bas représente une force opposée à celle émise par les stabilisateurs avant. Il évite entre autre le mouvement de tangage. Son poids doit être bien calculé ; si ce contrepoids est mal considéré par rapport aux stabilisateurs avant, il résulte un mauvais vol de la flèche.

Les doubles compensateurs sont placés de chaque côté de l'arc sous la poignée. Ces compensateurs évitent le tangage et les mouvements circulaires de l'arc. Ils sont très utiles aux archers qui ont quelques faiblesses à supporter les arcs lourds.

Répartition des masses

Les V-barres, ou équilibreurs, apparus sur le marché en 1975, sont également des doubles compensateurs arrière. Leur fixation se fait soit à l'avant de l'arc, au pied du stabilisateur central avant, soit à l'arrière, mais toujours au même niveau. Leur but est d'équilibrer le poids du stabilisateur avant et d'éviter les mouvements de tangage et de rotation à gauche ou à droite. C'est le rapport des masses et les angles choisis entre les V-barres et le stabilisateur avant qui en détermine toute l'efficacité. Ce réglage est délicat et ne s'obtient que par tâtonnement à la suite de nombreux essais.

Le « Torque Flight Compensator », T.F.C., est un amortisseur placé au pied du stabilisateur pour amortir le choc entre la flèche et l'arc au moment de la décoche. Il est fait de différentes pièces en aluminium ou autre métal, séparées les unes des autres, par un anneau fait de gomme caoutchouc, cela afin d'éviter que les pièces ne se heurtent les unes contre les autres lors des vibrations.

Le T.F.C. est muni d'un pas de vis qui permet de le fixer sur l'arc en même temps que le stabilisateur lui-même. Il existe différentes sortes de T.F.C ; leur grosseur varie suivant l'importance des stabilisateurs.

Le T.F.C. est utile. Grâce au stabilisateur, la force d'inertie empêche les vibrations, mais elle ne peut éviter l'à-coup brusque qui survient au moment même où la flèche quitte l'arc. Or, pour tirer sans à-coup, il serait souhaitable que l'arc fût léger, donc peu stable. Le T.F.C. résout cette contradiction en levant un instant la force d'inertie de l'arc, juste au moment où la flèche quitte celui-ci. Le choc, l'énergie momentanée qui ébranle l'arc, est reçu par le T.F.C. seul, sans se transmettre au stabilisateur.

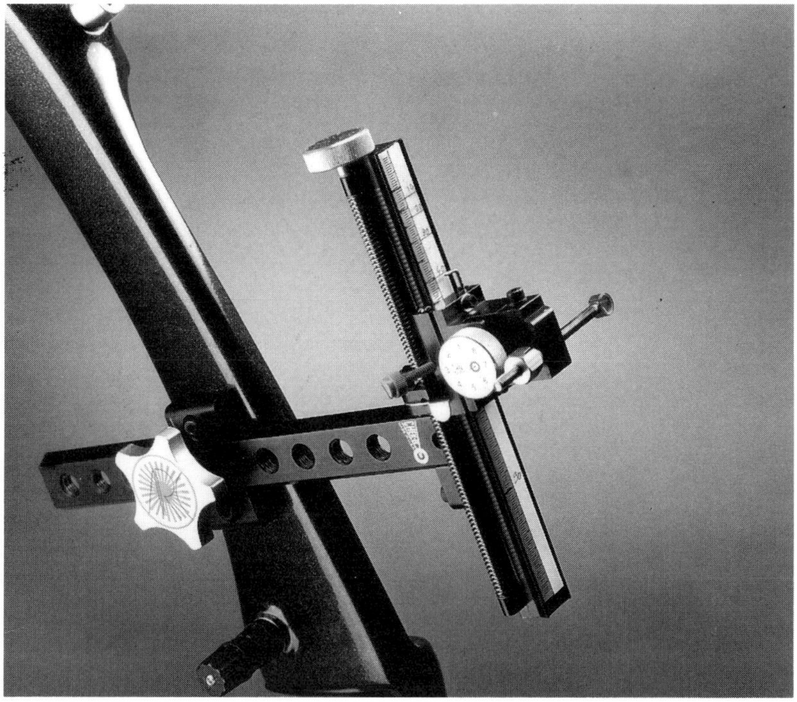

Selon les distances de tir, le viseur est décalé en avant ou en arrière le long de la barre d'extension.

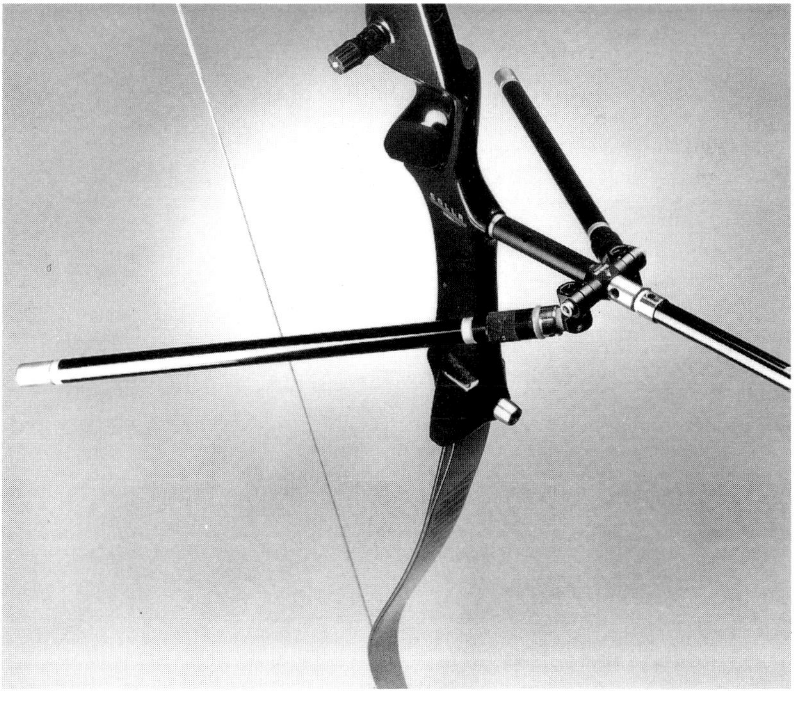

Le V-barre monté en avant de l'arc soutient le stabilisateur central et les deux compensateurs orientés en V, vers l'arrière.

Arcs démontables, branches à double courbure. De gauche à droite : 1) *Mind-40*, arc pour enfant, en bois exotique hauteur 48 pouces. 2) *Eureka*, arc d'initiation en bois, hauteur 54/62/66/70 pouces. 3) *Mind-10*, très bel arc de qualité pour l'initiation et le loisir ; hauteur 62/64/66/68/70 pouces. 4) *Progress II*, arc *arce* une poignée en magnésium, « tiller » et puissances réglables, quatre coloris dégradés, hauteur 66/68/70 pouces.

Arc « compound » pour le tir à la cible, fabrication américaine, poulies excentrées. De gauche à droite : 1) *Spectra raider* de *Hoyt*. 2) *Lynx M-38XR* de *Martin*. 3) *Firecat M-44XR* de Martin. 4) *Midas 3-D* de Browning.

Arc de la gamme Beman, poignée en alliage de magnésium légère et résistante. Branches en bois sélectionné et renforcé de fibre de verre assurant un échappement stable et précis de la flèche. Hauteurs : 64, 66, 68 et 70 pouces. Puissance réglable.

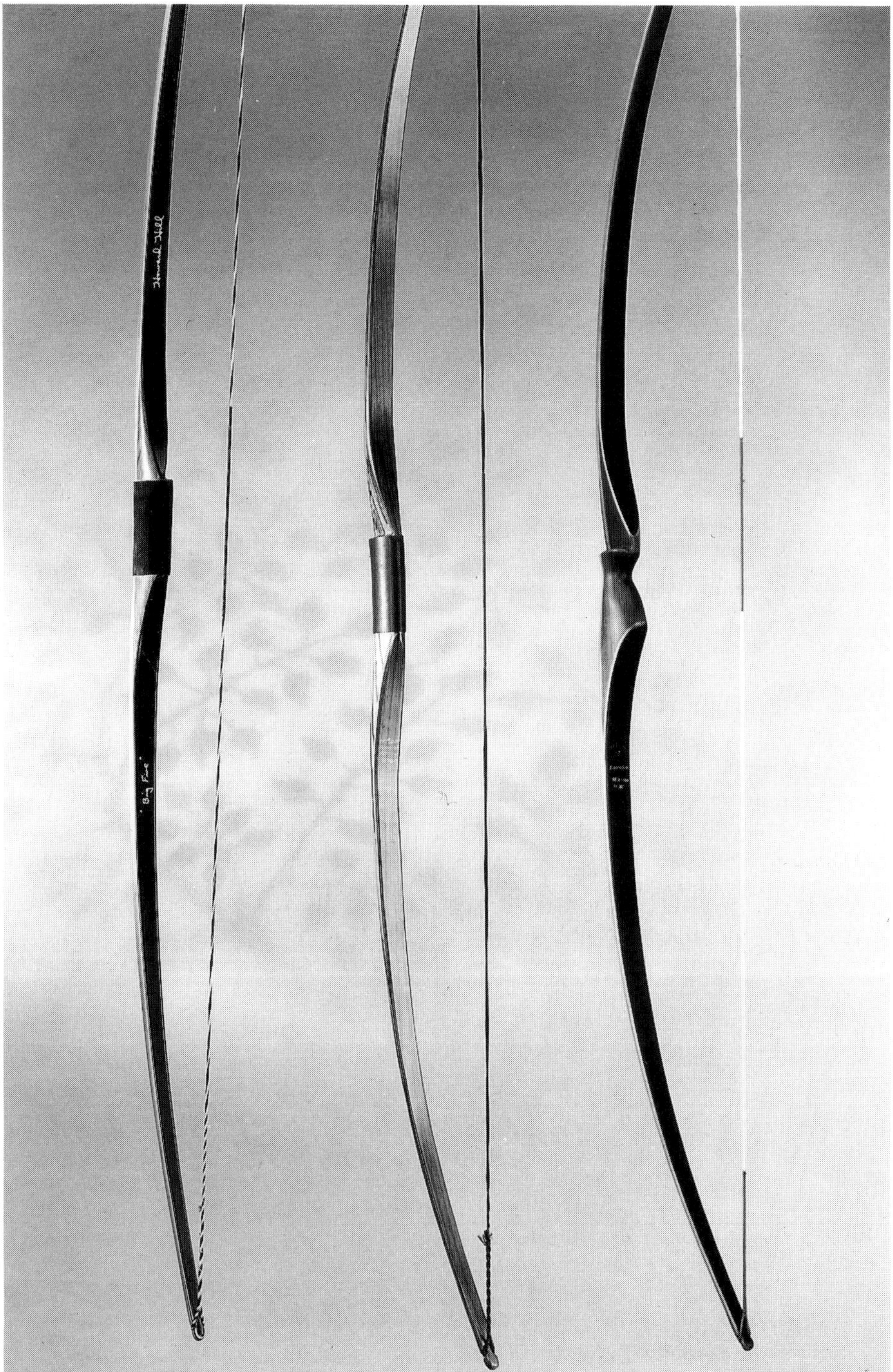

« Longbow » : pureté de la ligne, beauté du bois exotique, le roi des arcs. De gauche à droite : 1) Howard Hill, 68 pouces, 2) ML-14, 68 pouces. 3) Falcon, 68 pouces.

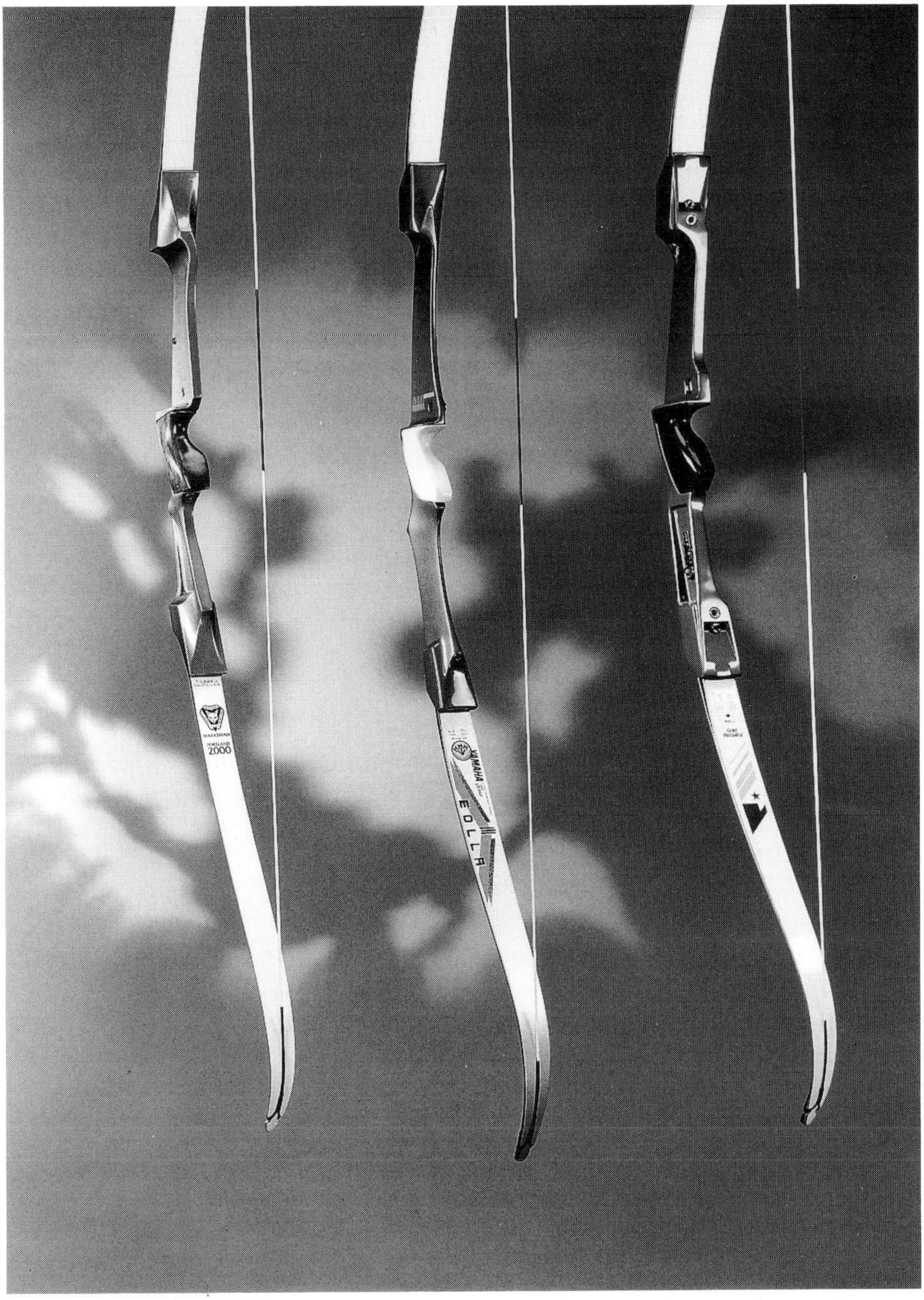

Arcs de compétition démontables, branches à double courbure. De gauche à droite : 1) Marksman, modèle *Portland 2000*, hauteurs disponibles 64/66/68/70 pouces, poignées en magnésium et bois exotique, branches composite fibre Bjorn ou fibre de carbone, divers coloris. 2) Yamaha, modèle *Eolla*, hauteur 66/68/70 pouces, poignée en magnésium et plastique, « tiller » (rapport de distance entre la corde et la base de chaque branche) et puissance réglables, branches composite fibre de verre ou céramique carbone. 3) Hyot, modèle *Gold medalist TD4*, hauteur 66/68/70 pouces, poignée en magnésium et plastique, « tiller » et puissances réglables, branches composite en fibre de verre ou carbone.

Les flèches

Une flèche d'arc est composée de trois parties ; un fût, terminé à une extrémité par une pointe, ou enferron, et de l'autre côté par une encoche. Près de celle-ci un empennage de plumes permet à la flèche de maintenir sa trajectoire de vol. La qualité de la flèche est extrêmement importante, plus que celle de l'arc. Un bon archer peut faire de bons scores avec un arc moyen et des flèches excellentes, mais pas le contraire.

Il existe trois types de flèches : en bois, en fibre de verre, en métal.

La flèche en bois

Autrefois, la flèche était en bois de tilleul faite d'une seule tige, à la main. On la taillait dans la partie la plus dure du bois, après avoir enlevé le cœur et l'aubier, en la tournant à l'aide de petits rabots extrêmement fins. En la travaillant dans le sens de la longueur, les artisans arrivaient à l'arrondir à la perfection tout en lui donnant sa forme conique nécessaire pour tirer avec un arc droit. A chaque extrémité on faisait une enture pour terminer la flèche d'un bois plus dur, plus dense, généralement un bois fruitier, qui supportait d'une part la pointe métallique, parfois en argent, et d'autre part l'encoche en corne. Les plumes étaient naturelles, de dimensions variables selon le tir auquel était destinée la flèche.

Aujourd'hui, ce sont les chasseurs, principalement aux États-Unis, qui utilisent des flèches en bois de cèdre fabriquées industriellement. Les flèches en bois sont plus lourdes que les flèches en métal, ce qui à la chasse est plutôt un avantage.

Les flèches en bois ne sont plus utilisées sur les terrains de tir à la cible.

La flèche en fibre de verre

La flèche en fibre de verre, est constituée par un tube creux en cette matière, de diamètre et d'épaisseur de paroi variables. Elles sont très résistantes à la torsion, elles conservent une bonne trajectoire linéaire pendant leur vol, mais elles se cassent facilement sous l'effet d'un choc. Ces flèches pas très chères longtemps employées dans les clubs par les débutants, ne sont plus du tout utilisées.

La flèche en métal

Les flèches en métal sont les plus utilisées dans le monde entier par les archers de tous les niveaux. Leurs fûts sont des tubes creux en alliages fins d'aluminium ou de zicral (zinc, chrome, aluminium). La firme américaine Easton a longtemps dominé ce marché par une production constante de flèches de haute performance. Ses deux modèles les plus connus sont la flèche XX75, en alliage d'aluminium anodisé d'un emploi très courant par tous les tireurs. Elle est sur le marché depuis le début des années soixante. Le tube de flèche X7, plus récent, est en alliage zicral anodisé de très haute qualité. Les flèches faites avec ce tube sont solides, stables et résistantes aux à-coups. Elles sont employées par tous les bons tireurs.

Easton n'est plus seul dans ce domaine. En France, la firme Aviatube, P.M.E. du groupe Péchiney, située à Nantes, fabrique des millions de flèches par an, en alliage d'aluminium fournissant le premier constructeur mondial de matériels de tir à l'arc, Bear Archery, du groupe Kidde. Les flèches Aviatube sont bien sûr commercialisées en France et en Europe.

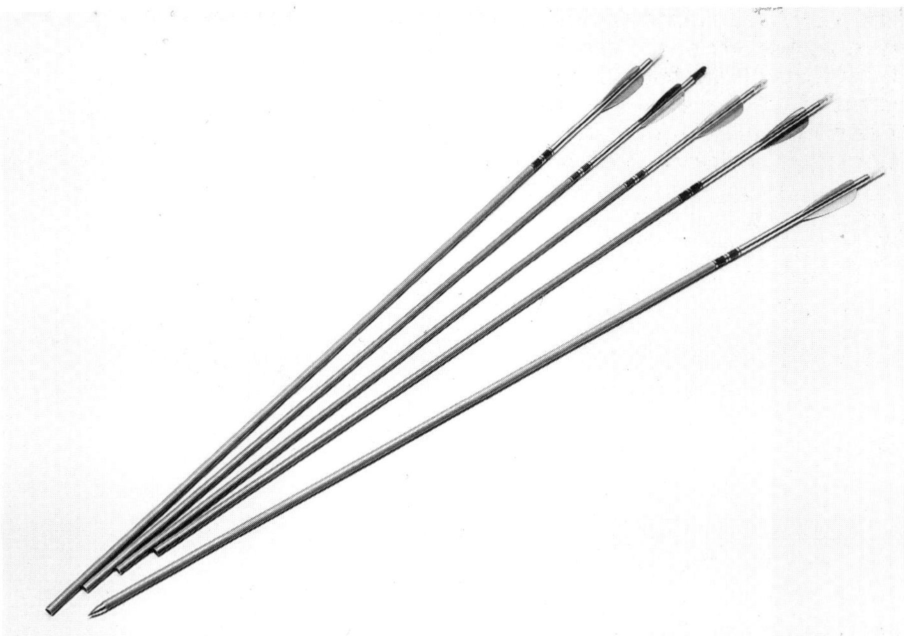

Tubes de flèches en alliage d'aluminium fin fabriqués par Aviatube.

Les flèches en métal se réparent et se redressent avec cet appareil mis au point par Easton, et que tous les clubs devraient avoir à la disposition des archers.

La flèche en fibre de carbone

La dernière innovation dans la fabrication des tubes de flèches a été apportée par l'emploi du carbone.

Easton, le premier, a commercialisé à partir de 1983 des flèches en alliage d'aluminium et de fibre de carbone, sous la référence A/C (alloy/carbone). Ce tube de flèche possède un noyau constitué d'aluminium très mince enveloppé de plusieurs couches de fibre de carbone.

Mais c'est la firme française Beman qui a mis au point en 1986, la première flèche entièrement en fibre de carbone, nommée « Diva ».

Le carbone beaucoup plus rigide que l'aluminium, très résistant au poids, peu élastique, permet d'obtenir une flèche plus légère et plus mince qu'une flèche normale de diamètre correspondant. La vitesse du vol est donc plus grande et la trajectoire de ce fait plus tendue.

Des économies de poids jusqu'à 16 %, et une augmentation de la vitesse jusqu'à 15 % ont été réalisées par rapport à des flèches normales.

Diamètre et poids

Ces nouvelles flèches sont équipées de pointes et d'encoches spécialement étudiées pour s'adapter à ce matériau.

Dans chaque qualité de tube, il existe plusieurs diamètres et épaisseurs de parois. Ces références sont marquées sur les fûts des flèches, par deux nombres, fractions et inches (pouces). Une flèche marquée 18.16, par exemple, a un diamètre extérieur de tube de 18/64ᵉ de pouce, et l'épaisseur de sa paroi est de 16/1000ᵉ de pouce. Ces mesures sont importantes et changent les propriétés des flèches, les rendant plus ou moins souples.

D'autres facteurs interviennent, qui sont le poids de la flèche, 20 à 25 grammes, toute montée, avec la pointe, les plumes, l'encoche. Une autre donnée mesurable, très importante, est la rigidité (spine en anglais) du tube. Cette qualité détermine l'aptitude de la flèche à trouver sa trajectoire.

A chaque puissance d'arc, pour une allonge donnée (c'est-à-dire la longueur de la flèche depuis le bord extérieur de l'arc jusqu'à la corde au moment de la traction maximum du tireur) correspondent trois ou quatre diamètres de flèches qui en modifient le poids, donc la résistance à la poussée de la décoche, ainsi qu'au vent. Une flèche trop légère pour une puissance d'arc déterminée, se cintre à la sortie et effectue un virage à droite exagéré, trop lourde, elle ne se cintre pas assez, appuie sur la fenêtre d'arc et part vers la gauche (ceci pour un droitier).

La flèche qui sort de l'arc à une vitesse de l'ordre de soixante mètres à la seconde, subit une très forte poussée sur l'encoche, alors que la pointe oppose une force d'inertie proportionnelle à son poids. Le tube subit alors une déformation dont l'amplitude est fonction de sa flexibilité ou de sa rigidité (spine), du poids de la pointe de la flèche, et de la puissance de l'arc. C'est ce que les Anglo-saxons appellent « Archer's paradoxe ».

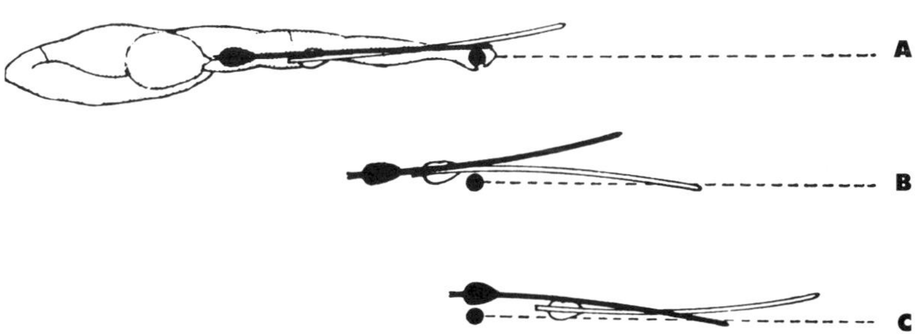

Figure 2 : Le « paradoxe de l'archer » ; amplitude de l'onde de choc subie par la flèche au moment de quitter l'arc. Cette vibration fait osciller la flèche à droite et à gauche, en tournant sur elle-même, avant de trouver sa trajectoire définitive.

La flèche doit se cintrer harmonieusement pour reprendre le plus tôt possible, grâce à son empennage, sa trajectoire idéale. Elle maintient sa vitesse de sortie d'arc durant les quinze premiers mètres et la diminue progressivement jusqu'à l'apogée de sa parabole pour la reprendre ensuite en descendant vers la cible dans laquelle elle se plante perpendiculairement si elle a été bien décochée.

Pour accomplir ces performances, le fût de la flèche doit être absolument droit et les parois d'épaisseur parfaitement égale. Le rapport épaisseur des parois/diamètre du tube/longueur de la flèche, détermine la flexibilité de celle-ci, qui doit être constante et de même valeur tout autour de la flèche afin de garantir son vol absolument droit. On peut mesurer la flexibilité d'une flèche en chargeant le centre du tube d'un poids de deux livres anglaises (906 g) alors que les extrémités sont soutenues. Pour mesurer une flèche empennée, l'écart entre les points de soutien sera d'un pouce (2,54 cm) plus court que la longueur effective de la flèche.

Par des contrôles de poids et dimensions méticuleux et constants, il est toléré des différences de un millième de pouce seulement. Les flèches ne présentant pas les mêmes résultats mesurés sur différents points de la circonférence du tube, dévieront soit à droite, soit à gauche, lors du tir.

Les plumes

L'empennage sert à stabiliser la flèche durant son vol. Il est constitué de trois plumes, généralement en plastique de couleur. Ces plumes sont disposées autour du fût, à 2 millimètres en dessous de l'encoche. Elles forment entre elles des angles de 120 degrés. Une des plumes différente des deux autres par la couleur, est placée à 90 degrés par rapport à l'axe transversal de l'encoche. C'est la plume « coq » qui permet de replacer la flèche sur la corde de manière toujours identique.

La hauteur et la longueur des plumes influent sur le vol de la flèche. Un empennage long dirige bien la flèche, mais la freine légèrement. Un empennage haut (plume large) passe plus difficilement sur le repose-flèche et le bouton écarteur qu'il faut régler à bon escient.

Toutefois l'empennage haut et court permet à la flèche d'atteindre dans de bonnes conditions les longues distances.

C'est la surface de l'empennage qui maintient la flèche en vol. Un archer débutant choisira donc des plumes plus hautes et plus longues qu'un archer confirmé.

Les plumes naturelles très fragiles sont de moins en moins utilisées pour le tir sur cible. Les tireurs préfèrent les plumes en plastique demi-souple ou souple, fabriquées en série, qui ont l'avantage d'être identiques entre elles. Elles sont faciles à coller sur le fût de la flèche, solides et ne craignent pas trop les manipulations.

Les encoches

Les encoches sont en plastique moulé. Les plus courantes sont fabriquées en Suède par la maison Björn. Le fond de l'encoche est arrondi pour laisser libre passage à la corde. Les bords intérieurs sont légèrement rétrécis pour retenir légèrement la corde, et empêcher la flèche de tomber.

L'encoche est fixée par collage à l'extrémité du fût exactement dans l'axe de celui-ci. Une encoche de travers fausse le tir. Il existe plusieurs dimensions d'encoches correspondant aux diamètres des fûts de flèches.

Les pointes de flèches

Les pointes de flèches que l'on monte sur les tubes métalliques sont en acier, en forme d'obus ou de téton pointu. Les pointes se fixent directement sur le fût de la flèche à l'aide d'une colle spéciale, elles peuvent également être vissées par l'intermédiaire d'un tube d'aluminium qui renforce l'extrémité de la flèche.

Le poids des pointes de flèches varie entre 2 et 7 grammes environ, on les classe en trois groupes : légères, normales et lourdes. A chaque diamètre de tube correspond un ou deux poids de pointes utiles.

Une pointe légère montée sur un fût léger donne une flèche qui flotte un peu dans l'air, et met du temps à se stabiliser. Une pointe lourde accroît l'inertie de la flèche au départ. Son vol est plus stable, mais l'amplitude des courbures au départ plus grande (paradoxe).

Les accessoires de tir

Les accessoires de tir à l'arc sont nombreux, plus ou moins utiles. Ceux décrits ici sont des accessoires indispensables au débutant comme à l'archer confirmé. Ils ont pour objet d'apporter à l'archer un maximum de confort et de sécurité dans le tir.

La dragonne

En nylon tressé, ou en cuir, la dragonne est indispensable. C'est un cordonnet fixé au poignet de l'archer et qui entoure le corps de l'arc. La dragonne retient l'arc sur la fourche de la main, l'empêchant de tomber au moment de la poussée de la décoche. La dragonne ne doit pas être trop serrée pour laisser l'arc libre dans la main ; en revanche, si elle est trop lâche, l'archer aura tendance à retenir l'arc en refermant ses doigts dessus, ce qui est préjudiciable au tir.

Parmi les différents modèles de dragonnes qui existent, on peut choisir aisément celle qui donnera la meilleure assurance, tout en étant légère.

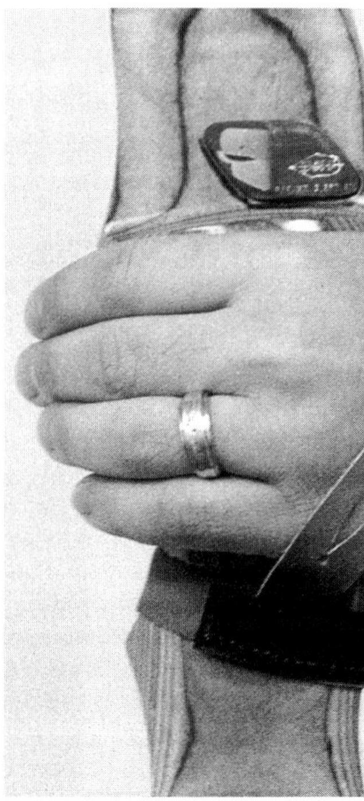

Dragonne en cuir souple (Martin).

Le bracelet

Le bracelet, appelé aussi brassard, est une pièce en cuir de préférence, qui recouvre tout l'intérieur de l'avant-bras qui tient l'arc, du poignet jusqu'au coude. Le bracelet est indispensable pour protéger le bras d'un claquement de corde, très douloureux. Cet accident fréquent chez les débutants, est toujours possible même chez les champions. On trouve des bracelets en cuir ou en plastique, de différentes tailles, faciles à adapter à chaque tireur.

Le plastron

Le plastron de préférence en cuir blanc, se porte sur la poitrine afin de protéger celle-ci du frottement possible de la corde au moment de la décoche. Le choc est douloureux lorsqu'il arrive. Il est particulièrement recommandé aux femmes d'en porter un. Il n'est pas rare de voir les hommes un peu forts en porter également.

La palette

La palette est un morceau de cuir que l'on place à l'intérieur des doigts pour tirer la corde. Sans cette protection la peau serait arrachée après quelques décoches.

La palette protège les trois doigts qui tirent la corde, elle est échancrée pour laisser le passage de la flèche. Un anneau que l'on enfile sur le majeur, la retient dans la main. La palette est munie à l'intérieur d'une petite cale qui empêche les doigts de se resserrer et de pincer l'encoche de la flèche. Certaines palettes comportent aussi un dispositif en métal ou en plastique, permettant au tireur débutant de lui faciliter l'ancrage de sa main sous le menton.

On trouve des palettes de toutes sortes. Il faut les choisir en cuir épais, pas trop souple afin de ne pas s'enrouler sur la corde, ni trop rigide. Une palette doit être rodée longuement, en tirant des centaines de flèches à l'entraînement, jusqu'à ce qu'elle épouse bien la forme des doigts du tireur. Il est nécessaire d'en posséder plusieurs prêtes à fonctionner.

Les chasseurs à l'arc, préfèrent employer des gants de tir, ou doigtiers, qui leur assurent un meilleur confort par tous les temps.

Le carquois

Le carquois est nécessaire, même indispensable en concours, pour avoir ses flèches à portée de main. Il en existe beaucoup de modèles, à tous les prix, du simple plastique au cuir de toutes qualités. Le carquois est un tube fixé à une ceinture, que l'on porte à la taille. Il est aisé de s'en débarrasser pendant les pauses.

1) Carquois avec poche de ceinture en vinyl. 2) Carquois en vinyl. 3) Carquois tube en vinyl. 4) Bracelet court en cuir. 5) Bracelet long protège avant-bras. 6) Plastron « Neet », léger, tissu à maille.

Le repose-arc

Le repose-arc est un support métallique que l'on plante dans le sol à sa place sur le pas de tir. Il permet de suspendre l'arc pendant les arrêts de tir. Un arc bandé est fragile, il ne faut pas le poser à terre, l'humidité du sol, ou un coup de pied malencontreux lui seraient très néfastes. Il existe des repose-arcs démontables, faciles à ranger dans la valise de flèches ou d'arc.

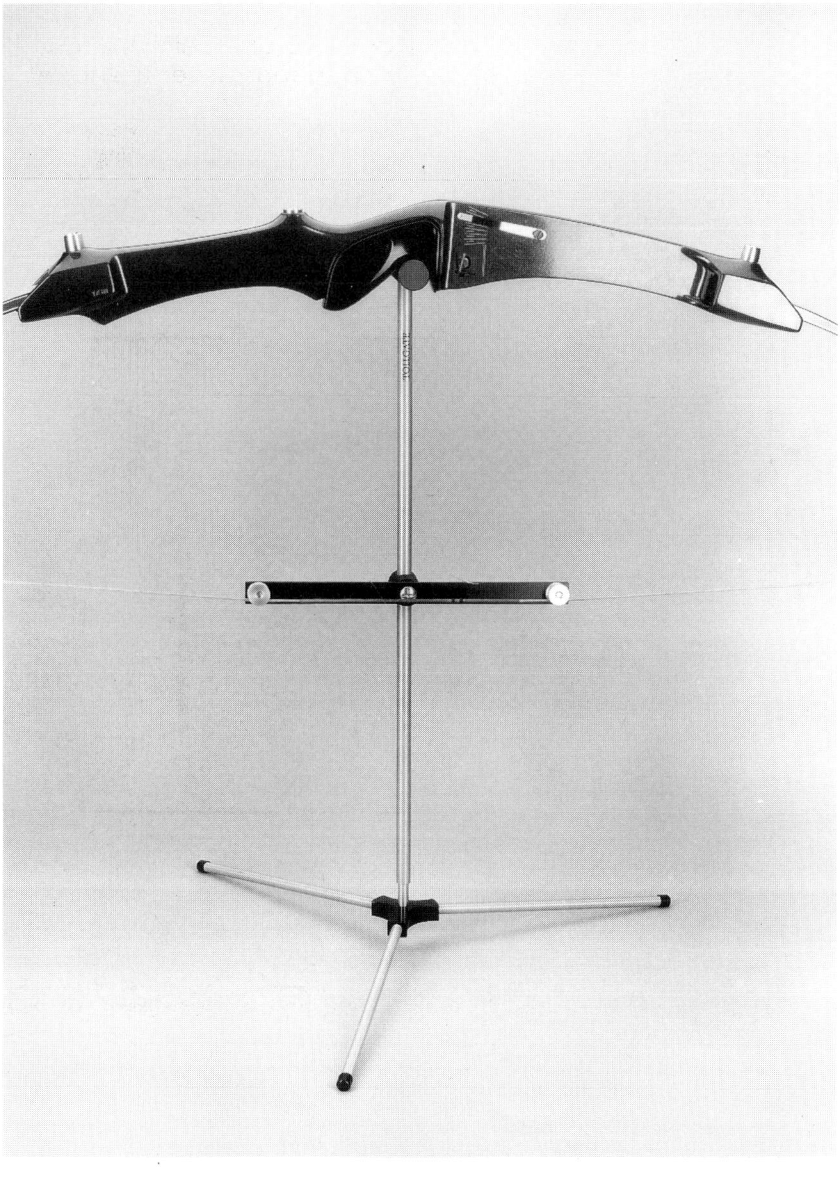

Le repose-arc est indispensable pour poser l'arc pendant la marque des scores et la recherche des flèches, ainsi que les pauses. Ce support évite le risque de vriller les branches de l'arc et de détendre la corde.

La mallette et la housse d'arc

Pour le rangement et le transport il est indispensable d'avoir une housse d'arc pour l'arc d'une seule pièce, et une mallette pour les flèches et les accessoires. Pour les arcs démontables, il existe des mallettes qui peuvent tout contenir, arc, flèches, accessoires. Une mallette bien adaptée au matériel est nécessaire pour éviter toute distorsion des branches ou des flèches.

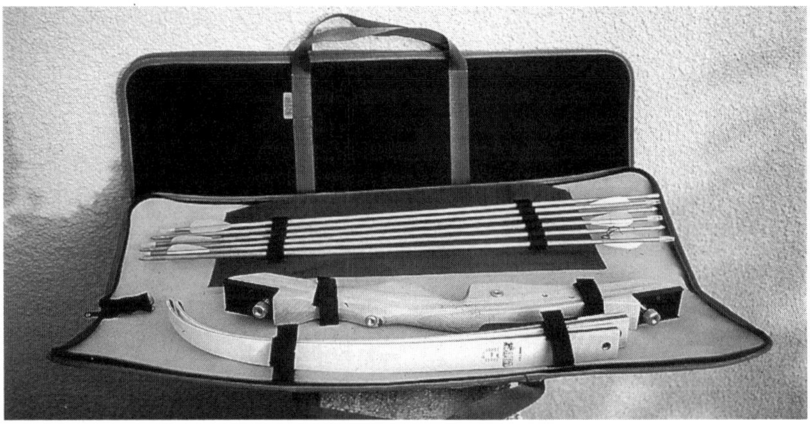

Housse pour arc démontable (85 × 25 cm) munie d'une poignée de transport. En skaï, matelassée à l'intérieur, elle s'ouvre totalement par une fermeture à glissière. Les branches, la poignée de l'arc, les flèches, sont maintenues par des bandes velcro. (SAPA)

1) et 2) Housse étui, tissu motif indien, pour arc à poulies. 3) Malette rigide pour arc démontable (France Archerie). 4) Étui souple pour arc démontable.

Sébastien Flute, 20 ans, médaille d'or Olympique à Barcelone en 1992 : une force mentale acquise au fur et à mesure des compétitions a permis au jeune français d'obtenir la récompense suprême.

Des améliorations considérables ont été apportées dans la fabrication des flèches par l'emploi des fibres de carbone. Plus minces, plus rigides, plus rapides, ces flèches empennées avec des plumes en plastique de forme hélicoïdale se fichent perpendiculairement dans la cible.

Jae-Hun Chung, finaliste et médaille d'argent aux jeux Olympiques de 1992 à Barcelone. Malgré une technique parfaite, le jeune Coréen a dû concéder la victoire à Sébastien Flute, à la dernière flèche, après un match d'une intensité extrême.

Sur le pas de tir, l'alignement des arcs équipés de viseurs et de stabilisateurs évoque, quelque peu, les compagnies d'archers d'antan groupés pour la bataille...

Les jumelles

Dès que l'on aborde la compétition et le tir aux distances au-delà de trente mètres, de bonnes jumelles grossissant 10 fois à 12 fois au minimum, sont nécessaires pour localiser les impacts de flèches sur la cible, et permettre les corrections de tir en connaissance de cause. Certains tireurs de haut niveau utilisent des longues-vues montées sur pied, qui sont plus puissantes que les jumelles.

La butte et la cible

Dans les clubs ou en plein air on tire sur des buttes fixes ou mobiles. Ces buttes sont pour la plupart en paille compressée.

La cible proprement dite, appelée aussi blason ou carte de tir, est dessinée sur une feuille de carton que l'on applique sur la butte à l'aide de crochets.

Les buttes de bonne qualité doivent recevoir les flèches sans les déformer ; les trous des impacts doivent se refermer lorsqu'on retire les flèches.

Les meilleures buttes sont en « stramit ». Ce sont des paillons, plaques rectangulaires, carrées ou rondes, de paille dont les brins tous orientés dans le même sens sont compressés à chaud. Ces paillons ne comportent aucun lien risquant d'endommager les flèches, ou d'empêcher leur pénétration.

Ce type de paillon est le plus couramment utilisé, il est agréé par la Fédération internationale de tir à l'arc.

Cependant on trouve également des buttes de tir en fibres synthétiques, polystyrène, qui sont moins résistantes et utilisées pour le tir de loisir dans les jardins.

Les supports de paillons fixes sont constitués par un fort cadre en bois, généralement adossé à un mur. Les paillons sont placés à l'intérieur de ce cadre, et peuvent être changés.

Pour les compétitions en plein air, on emploie des chevalets mobiles, sur lesquels sont placées les buttes rondes, en stramit. Les pieds des chevalets doivent être bien fixés au sol pour éviter que le vent ne retourne les buttes. L'arrière des chevalets est pourvu d'un filet, ou d'un morceau de toile de jute, destiné à arrêter les flèches qui pourraient transpercer le paillon.

Les cartes de tir colorées et graduées selon les disciplines, répondent à des normes précises nationales ou internationales.

1) Chevalet de cible avec barre d'appui, modèle « Grenoble ». 2) Cible « Viking » en paille compressée à chaud. 3) Blason de tir en salle « Vegas » pour arc à poulies. 4) Blason de tir représentant des animaux pour les parcours « Nature ». 5) Butte de tir en mousse pour le tir de loisir. 6) Blason de tir en campagne.

Les vêtements du tireur à l'arc

Le tireur à l'arc doit être à l'aise dans ses gestes. Ses vêtements sont moulants, près du corps, de manière à éviter tout frottement de la corde. Pas de manches larges, pas de chemise flottante. S'il fait froid, les sous-vêtements fins et chauds sont préférables à une superposition abondante de lainages.

Les femmes qui ont les cheveux longs doivent les resserrer en chignon, ou les enfermer sous un bonnet ou un chapeau. Un accident pourrait leur arriver si une mèche de cheveux se prenait dans la corde pendant le tir.

Dans les compétitions internationales de tir à la cible, les championnats nationaux, continentaux, les championnats du monde, les jeux Olympiques, la tenue entièrement blanche est exigée par les organisateurs et les règlements. Pantalons longs pour les hommes, jupes pour les femmes, le port du short est interdit, de même que celui du pantalon pour les femmes.

Une casquette blanche à visière pas trop longue est utile par grand soleil.

Les chaussures doivent être souples, légères, confortables. Il existe des chaussures spéciales pour tireurs à l'arc, étudiées pour les longues stations debout qu'exige un championnat de tir à l'arc. Ces chaussures à semelles assez épaisses et compensées à l'intérieur sont d'un prix élevé. En général les tireurs portent soit des chaussures de tennis de bonne qualité, soit des chaussures en cuir, préférables lorsque les terrains sont humides ce qui est souvent le cas.

Pour le tir en campagne la tenue doit être avant tout confortable, bien isoler du froid et de l'humidité, cette discipline se pratiquant généralement en forêt. Les bottes sont permises et même conseillées. Les femmes peuvent porter le pantalon même en championnat. Les tenues de chasse sont souvent les mieux adaptées, surtout en hiver.

Le choix du matériel

A chaque tireur correspond un matériel particulier déterminé par ses propriétés physiques. La taille de l'archer, sa corpulence, la longueur de ses bras, la largeur de ses mains, l'épaisseur de ses doigts, sa puissance musculaire, autant de facteurs qui interviennent dans le choix de l'arc et de la flèche. Il existe des arcs pour droitier et pour gaucher.

Le premier élément à connaître, c'est l'allonge du tireur. Il existe plusieurs méthodes pour mesurer cette allonge, qui détermine la longueur de la flèche.

La plus sûre consiste à prendre un arc de puissance moyenne, et de hauteur moyenne également, et de tirer la corde en position de tir. Il faut que cette position soit la plus correcte possible, les épaules basses, le coude du bras d'arc légèrement en dehors, le poignet et la main décontractés, la main de corde bien ancrée sous le menton, la corde alignée au milieu du nez et du menton, les doigts bien placés, corde au creux de la première phalange. On mesure alors, soit à l'aide d'une flèche graduée, soit, et c'est mieux, à l'aide d'une règle graduée rigide, la distance qui sépare le bord extérieur de la fenêtre de l'arc (là où passera la flèche) au creux de la corde entre les doigts, où se place l'encoche de la flèche.

Pour les débutants, il est recommandé d'ajouter un pouce et demi (3,83 cm) à cette mesure, pour obtenir la bonne longueur de flèche à utiliser. En effet, par la pratique, l'archer augmente en général légèrement son allonge, lorsqu'il a trouvé sa bonne position. Une flèche trop courte aurait le désavantage de tomber du repose-flèche dès que l'archer tirerait un peu plus sur la corde.

Le choix de l'arc

Les éléments qui déterminent le choix de l'arc sont la puissance et la hauteur, calculées en fonction de l'allonge du tireur.

La puissance de l'arc est la force nécessaire exprimée en poids (livre anglaise) pour bander l'arc. Pour la plupart des débutants un arc de 15 à 25 livres (6,80 kg à 11,32 kg) est suffisant.

Cette force raisonnable permet au débutant de se concentrer sur le fond même de l'enseignement du tir à l'arc. Avant de choisir définitivement un arc, il faut en essayer plusieurs de différentes forces et s'arrêter sur le plus « lourd », mais que le tireur puisse bander sans fatigue excessive.

La puissance des arcs est généralement indiquée par les fabricants, pour une allonge de bras standard de 28 pouces (71 cm). Or, une fois l'allonge réelle du tireur connue, on peut ajouter ou retirer *grosso modo*, deux livres (906 g) de poids par pouce (2,54 cm) de différence de tension.

Ainsi un archer qui utilise une flèche de 26 pouces (66 cm) de longueur pourra avoir une tension de 26 livres (11,8 kg) en utilisant un arc marqué 30 livres (13,6 kg). Réciproquement un archer qui utilise une flèche de 29 pouces (73,5 cm) pourra bander 32 livres (14,5 kg) avec le même arc que précédemment.

La hauteur de l'arc dépend en partie de l'allonge de l'archer. Ceux qui ont une petite allonge obtiendront de meilleurs résultats avec un arc court. De la même manière, une personne qui a une grande allonge obtiendra de meilleurs résultats avec un arc long. Si l'arc est trop court, l'angle formé par la corde en pleine traction sera trop fermé, ce qui gênera la visée.

Les fabricants étalonnent leurs arcs, en recommandant les hauteurs suivantes :

60-64 pouces 1,52 m, 1,57 m, 1,62 m) pour les archers qui ont une allonge inférieure à 24 pouces (61 cm).

65-66 pouces (1,65 m, 1,67 m) pour les archers qui ont une allonge entre 25 et 26 pouces (63,5 cm-66 cm).

67-68 pouces (1,70 m, 1,72 m) pour les archers qui ont une allonge entre 27 et 28 pouces (68,5 cm-71 cm).

69-70 pouces (1,76 m-1,78 m) pour les archers qui ont une allonge de 29 pouces (73,5 cm) et au-delà.

CHARTE MISE AU POINT PAR
« the archery manufacturers organization »
pour le choix d'un arc

	20 lb et moins	20 lb	25 lb	30 lb	35 lb	40 lb	40 lb et plus
Enfants (6-12 ans)	X	X					
Adolescents (filles)		X	X				
Adolescents (garçons)		X	X	X			
Femmes (cible)		X	X	X			
Hommes (cible)				X	X	X	
Chasse							X

Le choix des flèches

Une fois la longueur de l'allonge, et donc de la flèche déterminée, on choisit le type de flèche correspondant en fonction de la puissance de l'arc. Plusieurs facteurs interviennent alors, le diamètre extérieur de la flèche, l'épaisseur de la paroi du tube, le poids de ce tube, auquel il faut ajouter le poids de l'encoche, des plumes et surtout de la pointe. Ces données changent selon les types de flèches.

Pour faciliter ce choix, on peut se reporter aux tableaux comparatifs de mesures des fabricants permettant à chacun de choisir ses flèches en fonction de son allonge et de la puissance de son arc.

Exemple :

Un archer qui tire avec un arc à double courbure de 34 livres (15,4 kg) pour une allonge de 66 cm, peut choisir par exemple :

— une flèche XX75 marquée 1618, diamètre du tube 16/64'', soit 16/64e de pouce, et épaisseur de la paroi 0,018'', soit 18/1000e de pouce,

— ou bien, une flèche X7, marquée 1714, diamètre du tube 17/64'', soit 17/64e de pouce, épaisseur de la paroi 0,014'', soit 14/1000e de pouce.

Cette seconde flèche est plus légère que la XX75, sa paroi étant plus mince, 14/1000e de pouce au lieu de 18. Elle est donc plus légère et pourra voler plus loin, sa trajectoire étant plus tendue ; en revanche, elle sera plus sensible à la dérive causée par le vent qu'une flèche plus lourde,

— ou bien, une flèche 780 C A.C.E. en aluminium et fibre de carbone, plus rigide.

Table de conversion

Poids	*Mesures*
1 grain = 0,065 g	1 inch (pouce) = 2,54 cm
1 ounce = 28,35 g	1 foot (pied) = 30,48 cm
1 lb pound (livre) = 453 g	1 yard = 91 cm

TABLEAU DE SELECTION

LONGUEUR DE LA FLECHE (en pouces et en centimètres)		21,5-54,6 cm. 22" -22,5 57,2 cm.			22,5-57,2 cm. 23" -23,5 59,7 cm.			23,5-59,7 cm. 24" -24,5 62,2 cm.			24,5-62,2 cm. 25" -25,5 64,8 cm.		
ARC RECURVE	ARC COMPOUND	Réf.	Mod.	Pds.	Réf.	Mod.	Pds.	Réf.	Mod.	Pds.	Réf.	Mod.	Pds.
20-25 LBS. (9,1-11,3 KG.)	23-29 LBS. (10,4-13,2 KG.)	1413	75	130	1400R 1250C 1511 1416	A.C.E. A.C.E. 75 75	108 114 129A 164A	1250R -1400 1100c 1512 1416 1516	A.C.E. A.C.E. 75 75 x7,75,E	119 121 139B 172C 176A	1250R 1000C 1611 1516	A.C.E. A.C.E. 75 X7,75,E	125 142 149A 184A
25-30 LBS. (11,3-13,6 KG.)	29-35 LBS. (13,2-15,9 KG.)	1400R 1250C 1511 1416	A.C.E. A.C.E. 75 75	103 108 124A 157A	1250R -1400 1100C 1512 1416 1516	A.C.E. A.C.E. 75 75 X7,75,E	114 115 133B 164C 169A	1250R 1000C 1611 1516	A.C.E. A.C.E. 75 X7,75,E	119 136 143A 176A	1100R -1000 920C 1612 1711 1614 1518	A.C.E. A.C.E. 75 75 X7 75	126 146 155C 161B 193A 211C
30-35 LBS. (13,6-15,9 KG.)	35-40 LBS. (15,9-18,1 KG.)	1250R-1400 1100C 1512 1416 1516	A.C.E. A.C.E. 75 75 X7,75,E	108 109 127B 157C 162A	1250R 1000C 1611 1516	A.C.E. A.C.E. 75 X7,75,E	114 130 137A 169A	1100R -1000 920C 1612 1711 1614 1518	A.C.E. A.C.E. 75 75 X7 75	121 140 149C 155B 186A 203C	1000R - 920 850C 1711 1712 1713 1614 1616	A.C.E. A.C.E. 75 75 75 X7 X7,75,E	142 142 161C 167B 186A 193C 209A
35-40 LBS. (15,9-18,1 KG.)	40-46 LBS. (18,1-20,9 KG.)	1250R 1000C 1611 1516	A.C.E. A.C.E. 75 X7,75,E	108 125 131A 162A	1100R-1000 920C 1612 1711 1614 1518	A.C.E. A.C.E. 75 75 X7 75	115 134 143C 148B 178A 194C	1000R - 920 850C 1711 1712 1713 1614 1616	A.C.E. A.C.E. 75 75 75 X7 X7,75,E	136 136 155C 160B 178A 186C 200A	920R - 850 780C 1712 1811 1713 1714 1616	A.C.E. A.C.E. 75 75 75 X7 X7,75,E	146 150 167C 174A 186B 202A 209C
40-45 LBS. (18,1-20,4 KG.)	46-52 LBS. (20,9-23,6 KG.)	1100R -1000 920C 1612 1711 1614 1518	A.C.E. A.C.E. 75 75 X7 75	109 128 137C 142B 170A 186C	1000R - 920 850C 1711 1712 1713 1614 1616	A.C.E. A.C.E. 75 75 75 X7 X7,75,E	130 130 148C 153B 171A 178C 192A	920R - 850 780C 1712 1811 1713 1714 1616	A.C.E. A.C.E. 75 75 75 X7 X7,75,E	140 144 160C 167A 178B 193A 200C	850R - 780 720C 1812 1813 1814 1716	A.C.E. A.C.E. 75 75 X7 X7,75,E	142 159 181B 197B 214A 226B
45-50 LBS. (20,4-22,7 KG.)	52-57 LBS. (23,6-25,9 KG.)	1000R - 920 850C 1711 1712 1713 1614 1616	A.C.E. A.C.E. 75 75 75 X7 X7,75,E	125 124 142C 147B 163A 170C 184A	920R - 850 780C 1712 1811 1713 1714 1616	A.C.E. A.C.E. 75 75 75 X7 X7,75,E	134 138 153C 160A 171B 185A 192C	850R - 780 720C 1812 1813 1814 1716	A.C.E. A.C.E. 75 75 X7 X7,75,E	136 153 174B 189B 206A 217B	720R - 670 620C 3L-04 1912 1913 1814 1816	A.C.E. A.C.E. A.C.C. 75 75 X7 X7,75,E	159 153 173 189B 209A 214C 232A
50-55 LBS. (22,7-24,9 KG.)	57-63 LBS. (25,9-28,6 KG.)	920R - 850 780C 1712 1811 1713 1714 1616	A.C.E. A.C.E. 75 75 75 X7 X7,75,E	128 131 147C 153A 163B 177A 184C	850R - 780 720C 1812 1813 1814 1716	A.C.E. A.C.E. 75 75 X7 X7,75,E	130 147 167B 181B 197A 208B	720R - 670 620C 3L-04 1912 1913 1814 1816	A.C.E. A.C.E. A.C.C. 75 75 X7 X7,75,E	153 147 167 181B 200A 206C 223A	670R - 620 570C 3-04 1913 1914 1816	A.C.E. A.C.E. A.C.C. 75 X7 X7,75,E	148 158 180 209B 232A 232B
55-60 LBS. (24,9-27,2 KG.)	63-69 LBS. (28,6-31,3 KG.)	850R - 780 720C 1812 1813 1814 1716	A.C.E. A.C.E. 75 75 X7 X7,75,E	124 141 159B 173B 189A 199B	720R - 670 620C 3L-04 1912 1913 1814 1816	A.C.E. A.C.E. A.C.C. 75 75 X7 X7,75,E	147 140 160 173B 192A 197C 213A	670R - 620 570C 3-04 1913 1914 1816	A.C.E. A.C.E. A.C.C. 75 X7 X7,75,E	142 152 173 200B 223A 223B	620R - 570 520C 3L-18 2013 1914 2014 1916	A.C.E. A.C.E. A.C.C. 75 X7 X7 X7,75,E	153 168 186 225B 232C 239A 251B
60-65 LBS. (27,2-29,5 KG.)	69-74 LBS. (31,3-33,6 KG.)	720R - 670 620C 3L-04 1912 1913 1814 1816	A.C.E. A.C.E. A.C.C. 75 75 X7 X7,75,E	141 134 153 166B 184A 189C 204A	670R - 620 570C 3-04 1913 1914 1816	A.C.E. A.C.E. A.C.C. 75 X7 X7,75,E	135 146 166 192B 213A 213B	620R - 570 520C 3L-18 2013 1914 2014 1916	A.C.E. A.C.E. A.C.C. 75 X7 X7 X7,75,E	147 162 179 216B 223C 229A 241B	520R - 570 470C 3-18 - 3-28 2113 2014 2114 2016	A.C.E. A.C.E. A.C.C. 75 X7 X7,75 75	168 171 195 233B 239C 247A 264B

DES TUBES EASTON

25,5- 4,8 cm. **26"** -26,5 67,3 cm.			26,5- 67,3 cm. **27"** -27,5 69,9 cm.			27,5- 69,9 cm. **28"** -28,5 72,4 cm.			28,5- 72,4 cm. **29"** -29,5 75,0 cm.			29,5- 75,0 cm. **30"** -30,5 77,5 cm.		
Réf.	Mod.	Pds.	Réf.	Mod.	Pds.	Réf.	Mod.	Pds.	Réf.	Mod.	Pds.	Réf.	Mod.	Pds.
00R -1000	A.C.E.	132	1000R - 920	A:C.E.	154	920R - 850	A.C.E.	163	850R - 780	A.C.E.	165			
0c	A.C.E.	152	850C	A.C.E.	153	780C	A.C.E.	168	720C	A.C.E.	184			
12	75	161C	1712 - 1711	75	180B	1811 - 1712	75	195A	1812	75	210B			
11	75	168B	1713	75	200A	**1713**	**'75**	**208B**	1813	75	228B			
14	**X7**	**201A**	**1614**	X7	**209C**	**1714**	**X7**	**226A**	**1814**	**X7**	**249A**			
18	75	220C	**1616**	**X7,75,E**	**226A**	1616	x7,75,E	234C	**1716**	**X7,75,E**	**262B**			
00R - 920	A.C.E.	148	920R - 850	A.C.E.	157	850R - 780	A.C.E.	159	720R - 670	A.C.E.	184	670R - 620	A.C.E.	178
0C	A.C.E.	148	780C	A.C.E.	162	720C	A.C.E.	178	620C	A.C.E.	177	570C	A.C.E.	189
									3L-04	A.C.C.	201	3-04	A.C.C..	216
12 1711	75	173B	1811 - 1712	75	188A	1812	75	203B						
13	75	193A	**1713**	**75**	**200B**	1813	75	220B	1913 - 1912	75	242A	**1913**	**75**	**250B**
14	**X7**	**201C**	**1714**	**X7**	**218A**	1814	X7	240A	**1814**	**X7**	**249C**	**1914**	**X7**	**278A**
16	**X7,75,E**	**217A**	1616	**X7,75,E**	226C	1716	**X7,75,E**	253B	**1816**	**X7,75,E**	**269A**	1816	**X7,75,E**	278B
0R - 850	A.C.E.	152	850R - 780	A.C.E.	153	720R - 670	A.C.E.	178	670R - 620	A.C.E.	172	620R - 570	A.C.E.	183
0C	A.C.E.	156	720C	A.C.E.	172	620C	A.C.E.	171	570C	A.C.E.	183	520C	A.C.E.	199
						3L-04	A.C.C.	194	3-04	A.C.C.	209	3L-18	A.C.C.	224
12	75	173C	1812	75	195B	1912	75	211B	**1913**	**75**	**242B**	2013	75	270B
11	75	181A	1813	75	212B	1913	75	234A	**1914**	**X7**	**269A**	1914	X7	278C
13	**75**	**193B**	**1814**	**X7**	**231A**	**1814**	**X7**	**240C**				**2014**	**X7**	**287A**
14	**X7**	**210A**												
16	X7,75,E	217C	**1716**	**X7,75,E**	**244B**	**1816**	**X7,75,E**	**260A**	1816	X7,75,E	269B	**1916**	**X7,75,E**	**302B**
0R - 780	A.C.E.	148	720R - 670	A.C.E.	172	670R 620	A.C.E.	166	620R - 570	A.C.E.	177	520R - 570	A.C.E.	199
0C	A.C.E.	166	620C	A.C.E.	165	570C	A.C.E.	177	520C	A.C.E.	193	470C	A.C.E.	204
			3L-04	A.C.C.	187	3-04	A.C.C.	202	3L-18	A.C.C.	216	3-18 - 3-28	A.C.C.	234
12	75	188B	1912	75	204B	**1913**	**75**	**234B**	2013	75	261B	2113	75	279B
13	75	204C	1913	75	225A	**1914**	**X7**	**260A**	1914	X7	269C	2014	X7	287C
14	**X7**	**223A**	**1814**	**X7**	**231C**				**2014**	**X7**	**277A**	**2114**	**X7,75**	**296A**
16	**X7,75,E**	**235B**	**1816**	**X7,75,E**	**251A**	1816	X7,75,E	260B	**1916**	**X7,75,E**	**292B**	**2016**	**75**	**317B**
0R - 670	A.C.E.	166	670R - 620	A.C.E.	160	620R - 570	A.C.E.	171	520R - 570	A.C.E.	193	470R - 520	A.C.E.	204
0C	A.C.E.	159	570C	A.C.E.	170	520C	A.C.E.	187	470C	A.C.E.	197	430C	A.C.E.	213
04	A.C.C.	180	3-04	A.C.C.	194	3L-18	A.C.C.	209	3-18 - 3-28	A.C.C.	226	3-28 - 3-39	A.C.C.	243
12	75	196B	**1913**	**75**	**225B**	2013	75	252B	2113	75	270B	2113	75	279C
13	75	217A	**1914**	**X7**	**251A**	1914	X7	260C	2014	X7	277C	2213	75	295A
14	**X7**	**223C**				**2014**	**X7**	**268A**	**2114**	**X7,75**	**286A**	**2114**	**X7,75**	**296B**
												2115	**X7,75**	**323A**
16	**X7,75,E**	**241A**	1816	X7,75,E	251B	**1916**	**X7,75,E**	**281B**	**2016**	**75**	**306B**			
0R - 620	A.C.E.	154	620R - 570	A.C.E.	165	520R - 570	A.C.E.	187	470R - 520	A.C.E.	197	470R - 430	A.C.E.	204
0C	A.C.E.	164	520C	A.C.E.	180	470C	A.C.E.	191	430C	A.C.E.	207	400C	A.C.E.	225
4	A.C.C.	187	3L-18	A.C.C.	201	3-18 - 3-28	A.C.C.	219	3-28 - 3-39	A.C.C.	235	3-39	A.C.C.	252
3	**75**	**217B**	2013	75	243B	2113	75	260B	2113	75	270C	2312	75	282A
14	**X7**	**241A**	1914	X7	251C	2014	X7	268C	**2213**	**75**	285A	**2213**	**75**	**295B**
			2014	**X7**	**258A**	**2114**	**X7,75**	**276A**	**2114**	**X7,75**	286B	2215	75	320A
									2115	X7,75	312A	**2115**	**X7,75**	**323B**
												2117	75,E	361A
16	X7,75,E	241B	**1916**	**X7,75,E**	**271B**	**2016**	**75**	**296B**						
0R - 570	A.C.E.	159	520R - 570	A.C.E.	180	470R - 520	A.C.E.	191	470R - 430	A.C.E.	197	430R - 400	A.C.E.	213
0C	A.C.E.	174	470c	A.C.E.	184	430C	A.C.E.	200	400C	A.C.E.	218	370C	A.C.E.	236
18	A.C.C.	194	3-18 - 3-28	A.C.C.	211	3-28 - 3-39	A.C.C.	227	3-39	A.C.C	244	3-49	A.C.C.	260
13	75	234B	2113	75	251B	2113	75	260C	2312	75	272A	2312	75	282C
14	X7	241C	2014	X7	258C	**2213**	**75**	**275A**	**2213**	**75**	**285B**	2413	75	312A
14	**X7**	**249A**	**2114**	**X7,75**	**266A**	**2114**	**X7,75**	**276B**	2215	75	309A	**2314**	**75**	**319B**
						2115	X7,75	302A	**2115**	**X7,75**	**312B**	2215	75	320C
									2117	75,E	349A	**2216**	**75**	**361B**
16	**X7,75,E**	**261B**	**2016**	**75**	**285B**									
0R - 570	A.C.E.	174	470R - 520	A.C.E.	184	470 - 430	A.C.E.	191	430R - 400	A.C.E.	207	400R	A.C.E.·	225
0c	A.C.E.	178	430C	A.C.E.	193	400C	A.C.E.	211	370C	A.C.E.	229	370C	A.C.E.	236
8 - 3-28	A.C.C.	203	3-28(3-39)	A.C.C.	219	3-39	A.C.C.	235	3-49	A.C.C.	251	3-49 - 3-60	A.C.C.	260
13	75	242B	2113	75	251C	2312	75	263A	2312	75	272C	2413	75	312A
14	X7	249C	**2213**	**75**	**265A**	**2213**	**75**	**275B**	2413	75	302A	**2314**	75	319B
14	**X7,75**	**256A**	**2114**	**X7,75**	**266B**	2215	75	299A	**2314**	**75**	**309B**			
			2115	X7,7575	291A	**2115**	**X7,75**	**302B**	2215	75	309C	**2315**	**75**	**350A**
						2117	75,E	337A	**2216**	**75**	**349B**	2216	**75**	**361B**
16	**75**	**275B**												
0R - 520	A.C.E.	178	470R - 430	A.C.E.	184	430R - 400	A.C.E.	200	400R	A.C.E.	218	370R	A.C.E.	236
0C	A.C.E.	187	400C	A.C.E.	204	370C	A.C.E.	222	370C	A.C.E.	229			
8 - 3-39	A.C.C.	210	3-39	A.C.C.	227	3-49	A.C.C.	242	3-49 - 3-60	A.C.C.	251	3-60 - 3-71	A.C.C.	277
13	75	242C	2312	75	254A	2312	75	263C	2413	75	302A	**2512**	**75**	**305B**
13	**75**	**256A**	**2213**	**75**	**265B**	2413	75	291A	**2314**	**75**	**309B**	2514	75	340A
14	**X7,75**	**256B**	2215	75	288A	**2314**	**75**	**298B**						
15	X7,75	280A	**2115**	**X7,75**	**291B**									
			2117	75,E	325A	2215	75	299C	**2315**	**75**	**338A**	2315	75	350C
						2216	**75**	**337B**	2216	75	349B	2317	75	398B

(Document France Archerie)

Tableaux de choix de flèches Diva « S »

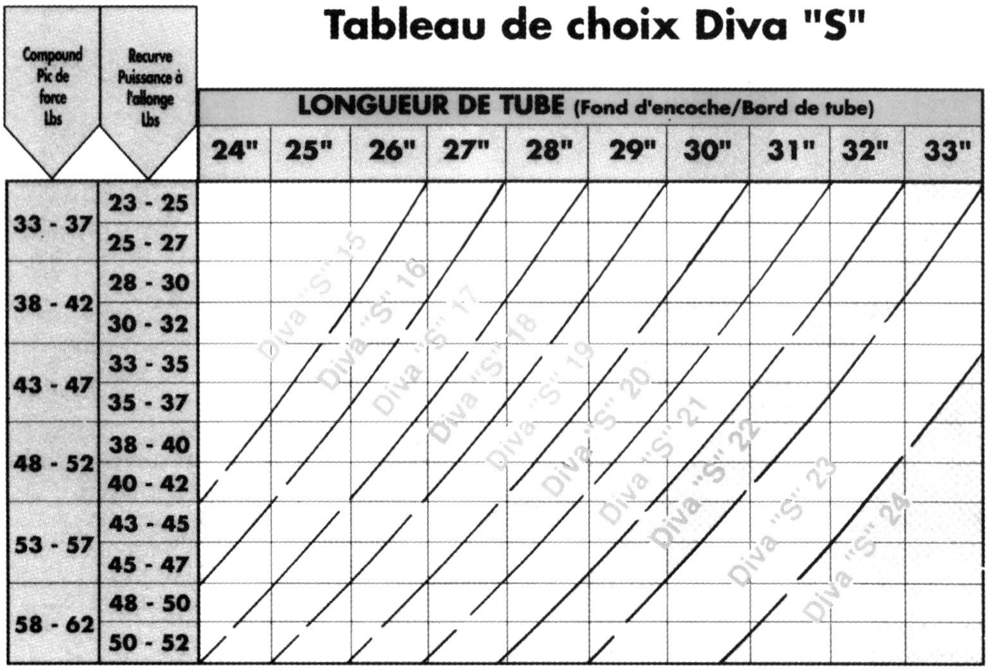

Pour le tir en plein air, la flèche en fibre de carbone Diva « S », de Beman, est plus légère qu'une flèche en aluminium. Cependant elle est deux fois moins sensible au vent latéral grâce à sa surface de moitié moins importante que celle d'un tube classique. Elle est « la plus rapide » annonce le fabricant, avec ses 296 km/h au sortir de l'arc. Parfaitement rigide, sa trajectoire est très précise.

Selon le tableau ci-dessus, pour un arc à double courbure de 41 livres et une longueur de flèche de 28 pouces, la flèche correcte est une Diva « S » 20.

Pour le tir en salle sur des courtes distances, Beman a mis au point une flèche entièrement en fibre de carbone caractérisée par une haute précision de la trajectoire et une grande résistance à l'impact dans la cible. Le tableau ci-contre permet de déterminer, que par exemple, pour un arc à double courbure de 41 livres et une longueur de flèche de 28 pouces, la flèche correcte est une Diva « C » indoor 20.

Tableau de choix
Diva "C" Indoor

Compound Pic de force Lbs	Recurve Puissance à l'allonge Lbs	LONGUEUR DE TUBE (Fond d'encoche/Bord de tube)								
		24"	25"	26"	27"	28"	29"	30"	31"	32"
33 - 37	23 - 25									
	25 - 27									
38 - 42	28 - 30									
	30 - 32									
43 - 47	33 - 35									
	35 - 37									
48 - 52	38 - 40									
	40 - 42									
53 - 57	43 - 45									
	45 - 47									
58 - 62	48 - 50									
	50 - 52									

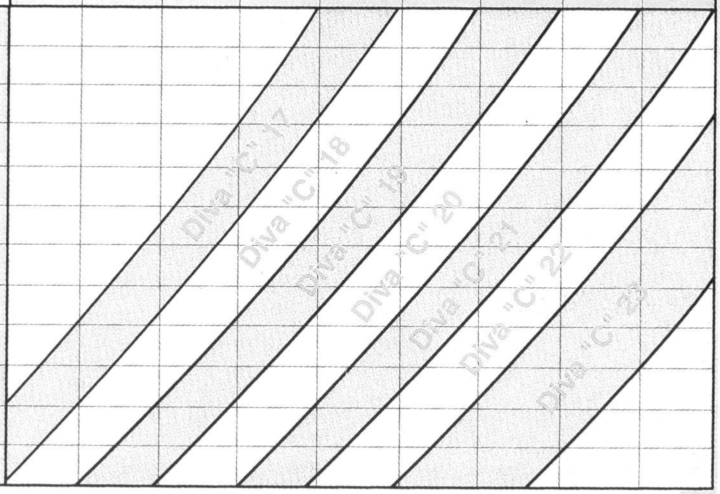

Pendant la compétition, les blasons FITA sont changés avant le tir de chacune des quatre distances.

SPÉCIFICATIONS DES TUBES DE FLÈCHES « AVIATUBE »

TYPE	ALLIAGE	FINITION	COULEUR	RECTITUDE	CARACTER. MÉCANIQUES	LONGUEUR	RÉFÉRENCES
ACCURA	7075 T8	anodisé dur	Camo	.003″	92000 PSI	82,5 cm	2117
BRAVE	7075 T8	anodisé dur	Camo vert	.004″	92000 PSI	82,5 cm	2016/2117/2216/ 2219
CHEROKEE	7075 T6	anodisé dur	gris vert	.006″	92000 PSI	82,5 cm	2117/2216/2219
CROW	7075 T6	anodisé dur	gris métallisé	.010″	92000 PSI	82,5 cm	2117/2216/2219
LOISIR	7075 T6	anodisé dur	gris métallisé	.010″	88000 PSI	73,6 cm	1716/1816
BOLT	7075 T8	anodisé dur	gris métallisé	.010″	92000 PSI	57,15 cm	2117

Toutes les flèches, sauf les LOISIR, sont fournies avec insert.

Réglage des arcs classiques et des arcs à poulies

Avant de commencer l'entraînement au tir, il faut procéder au réglage de l'arc : alignement de la corde sur le centre des branches, tension du bouton écarteur, placement des encoches sur la corde. De l'exacte position de ces éléments dépend la précision du vol de la flèche.

Sur l'arc équipé du repose-flèche, de l'écarteur, des stabilisateurs, du viseur et d'un point d'encoche, le réglage consiste à prévenir et corriger les trois problèmes pouvant survenir au cours du vol de la flèche ; oscillations verticales, oscillations horizontales et sortie de flèche défectueuse.

Voici une méthode simple et fiable, mise au point par le fabricant de flèches Easton, pour le réglage des arcs à décoche manuelle. Le test se réalise avec des tubes de flèches nus et des tubes empennés.

Méthode de réglage

1) Installer un point d'encochage déplaçable (les bagues à pincement sont les plus pratiques) sur la corde à environ 13 mm au-dessus de la ligne d'équerre (fig. 1).

2) Ajuster l'écarteur de façon à ce qu'à la hauteur de la pointe, l'axe du tube se trouve entre 3,2 mm et 4,8 mm de l'extérieur de la corde correctement centrée sur l'arc. Celle-ci, pour un arc classique, étant alignée sur le centre des branches (fig. 2a). Pour les arcs à poulies, la corde est alignée à environ 6,3 mm à gauche du centre des branches (pour les droitiers, fig. 2b).

Fig. 1

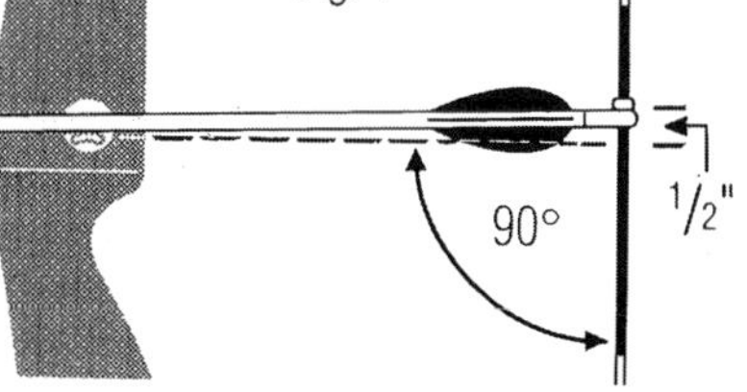

Fig. 2a

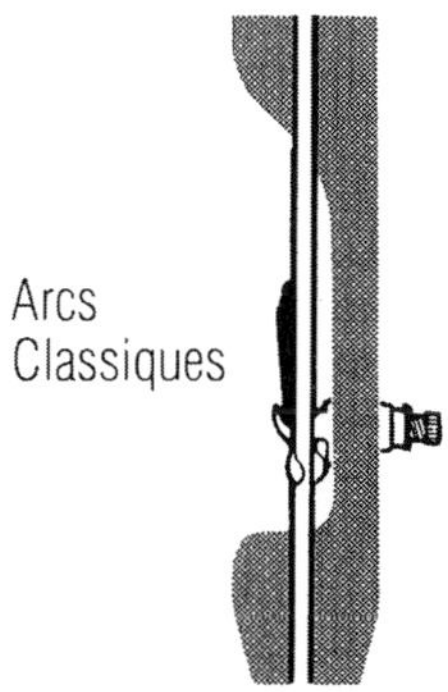

Fig. 2b

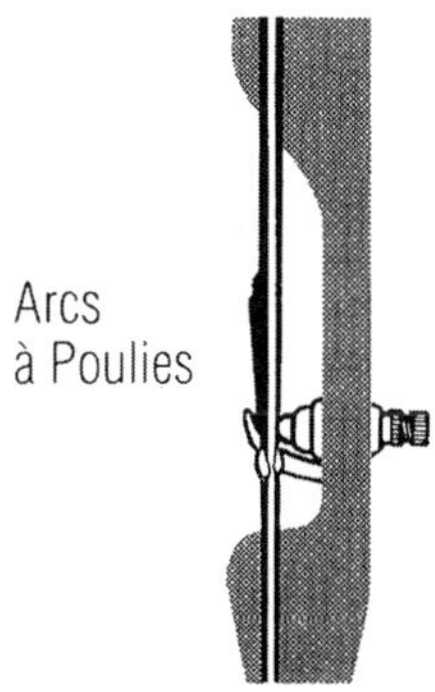

3) Pour commencer, aligner le point de visée de votre viseur avec l'axe de la flèche.

Des flèches qui volent ou groupent mal font habituellement l'objet de l'un des problèmes suivants :

1) Elles oscillent **verticalement** en vol.
2) Elles oscillent **horizontalement** en vol.
3) Elles se **dégagent** mal du repose-flèche lors de leur sortie.

Oscillations verticales (marsouinage)

Si la flèche quitte la corde d'un point d'encochage trop haut ou trop bas un mouvement appelé « marsouinage » se produit. L'arrière de la flèche va osciller de haut en bas pendant le vol (fig. 3). Ceci est dû à un point d'encochage erroné.

Fig. 3

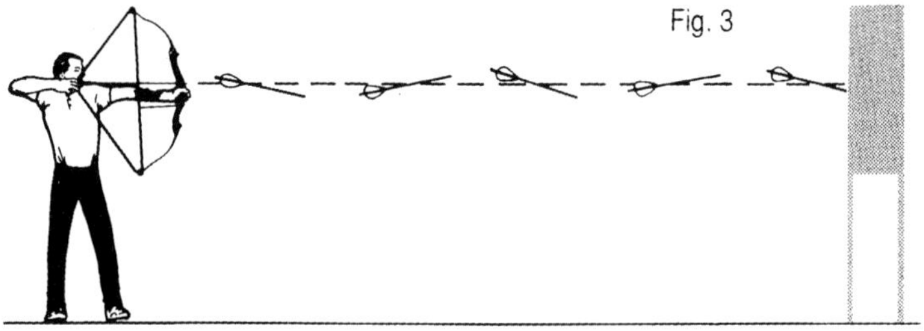

Pour trouver le point d'encochage correct tirer au moins trois flèches empennées à 15 mètres. Puis tirer deux flèches identiques non empennées en visant le même endroit. Si ces dernières se plantent plus haut que les empennées (fig. 4), monter le point d'encochage graduellement jusqu'à ce que les empennées et les non empennées arrivent au même niveau. Si les flèches non empennées se fichent plus bas que celles identiques mais empennées (fig. 5), descendre le point d'encochage sur la corde pour que les deux groupes de flèches soient au même niveau*.

Fig.4

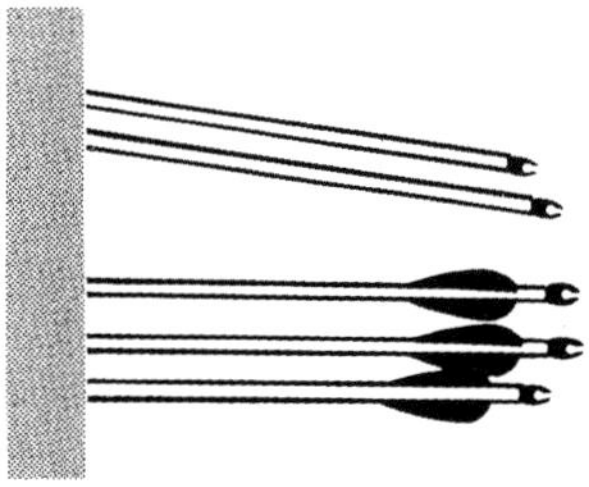

Fig.5

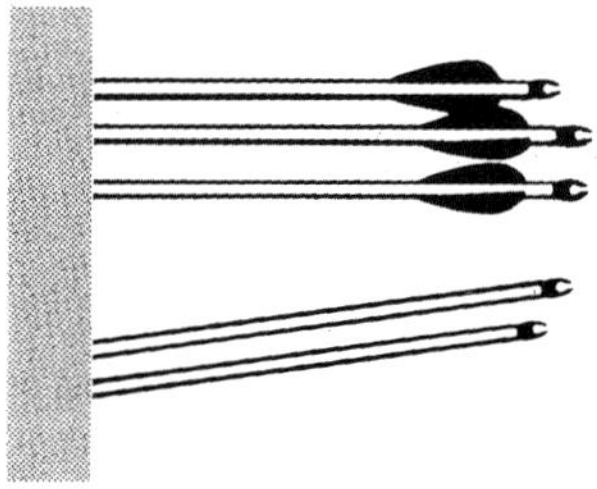

Il est important de corriger en premier les oscillations verticales (marsouinage) au début du processus de réglage.

Oscillations horizontales

Si la flèche quitte l'arc avec l'arrière propulsé d'un côté, des oscillations horizontales se produisent pendant son vol (fig. 6).

Fig. 6

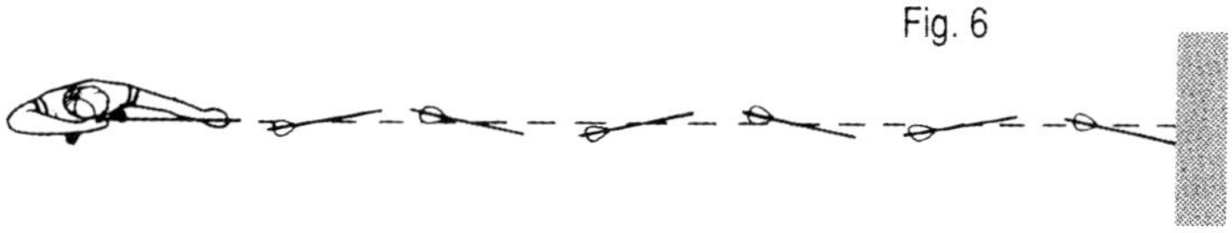

Pour supprimer ces oscillations horizontales, refaire le test du tube nu en tirant 3 tubes empennés à une distance de 15 mètres, puis tirer 2 flèches non empennées en visant le même endroit (fig. 5). Si les flèches non empennées arrivent à gauche des empennées (voir fig. 7 pour un droitier), diminuer la pression de l'écarteur*. Si elles arrivent à droite (fig. 8 pour un droitier) augmenter cette pression.

Fig. 7

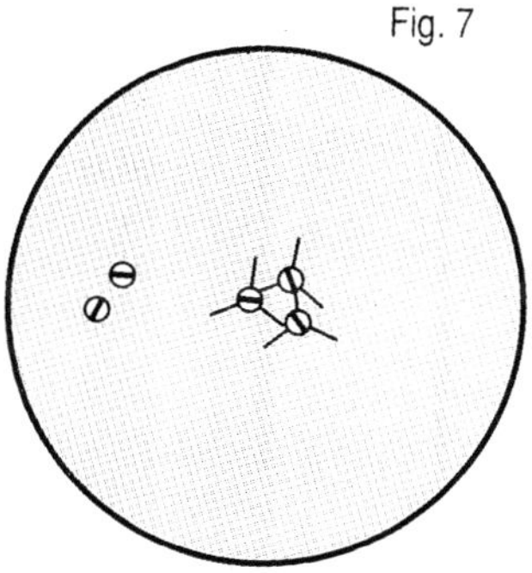

Fig. 8

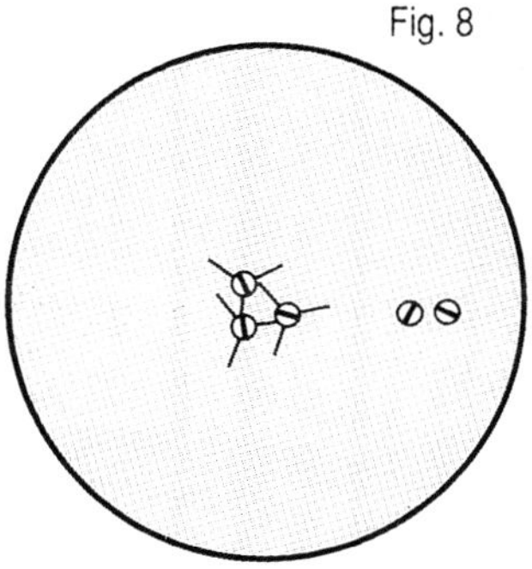

Il est possible qu'en faisant ce test vous n'arriviez pas à faire coïncider les flèches empennées et non empennées. Votre flèche peut être trop souple (les tubes nus se fichent à droite des empennées pour un droitier) ou trop rigide (tubes nus à gauche des empennées pour un droitier). Dans ce cas, voici quelques suggestions pour obtenir le meilleur vol de flèche avec votre arc :

1) Réglage de la force — La plupart des arcs à poulies et certains arcs classiques offrent la possibilité de régler la force de

* Il peut être souhaitable que les flèches non empennées touchent la cible *au-dessous* du point d'impact des empennées. Cependant, si elles l'atteignent *au-dessus*, une correction s'impose.

traction. Si la flèche est trop rigide, augmenter la force, si elle est trop souple, la diminuer.

2) Cordes — La masse de la flèche de la corde peut avoir un effet considérable sur la rigidité. En utilisant une corde avec un nombre de brins plus ou moins élevé ou d'un matériau différent, on peut obtenir que la flèche se comporte comme si elle était d'une rigidité immédiatement supérieure ou inférieure. Pour rendre le tir de la flèche comparable à celui d'une flèche plus souple, diminuer le nombre des brins ou utiliser une fibre plus légère. Pour rendre le tir de la flèche comparable à celui d'une flèche plus rigide, augmenter le nombre des brins (ou utiliser une fibre plus lourde). Si, après tous ces réglages, les flèches sont encore soit trop souples soit trop rigides, en choisir une autre dans le tableau Easton et régler de nouveau.

Pour vérifier que les oscillations verticales ont été éliminées, répéter le test à 25 ou 30 mètres.

Sortie de flèche

La qualité de la sortie est déterminée par la capacité de la flèche et de l'empennage d'être tirés sans toucher l'arc ou le repose-flèche. Une sortie libre est absolument essentielle pour un bon groupement et une précision optimale. Pour contrôler cette sortie, mettez du talc ou un produit similaire sur le quart arrière de la flèche, l'empennage, le repose-flèche et ses alentours. Veillez à ne pas faire tomber ou essuyer le talc quand vous vous préparez à tirer. La flèche doit être tirée dans une cible compacte pour ne pas y pénétrer jusqu'aux plumes. En examinant les traces (là où le talc est parti), on peut déterminer les endroits de frottement et la position de l'empennage. Si la sortie de la flèche est médiocre, le groupement le sera également. En cas de problème de sortie de flèche, procéder comme suit :

1) Tournez l'encoche de 1/16 de tour à la fois jusqu'à obtention d'une sortie correcte.

2) Assurez-vous que le bras du repose-flèche ne dépasse pas le diamètre de la flèche.

3) Sortez l'écarteur de façon à faciliter la sortie de la flèche.

Réglage des arcs à poulies avec décocheur

Vous trouverez ci-dessous quelques conseils pour les archers utilisant un décocheur :

1) Alignement de la corde. Alignez la flèche avec la corde préalablement positionnée comme le montre la fig. 2b de la page 75.

2) Alignement du viseur. Au départ, alignez le point de visée du viseur sur l'axe de la flèche.

3) Sortie de flèche. Comme la flèche se courbe souvent davantage verticalement qu'horizontalement, une bonne sortie de flèche est essentielle. La presque totalité de la longueur de la flèche peut rester en contact pendant la décoche. C'est pourquoi l'orientation des plumes par rapport à l'encoche est importante et doit être réglée pour obtenir une bonne sortie.

a) Tourner l'encoche de 1/16 de tour à la fois jusqu'à l'obtention d'une bonne sortie.

b) Dans les guides de flèche il est important d'ajuster la largeur du passage pour l'empennage.

c) Pour les autres repose-flèches assurez-vous que le bras du repose-flèche ne dépasse pas le tube de la flèche.

Réglage par le test « Papier »

C'est le test le plus utilisé par les archers utilisant un arc à poulies avec un décocheur :

1) Utilisez un cadre qui maintiendra fermement une feuille de papier d'environ 60 × 60 cm. Placez le centre du papier à peu près à la hauteur des épaules. Assurez-vous qu'il y ait une butte de tir à environ 2 mètres derrière le papier, pour arrêter les flèches.

2) Placez-vous à environ deux mètres du papier.

3) Tirez une flèche empennée dans le centre du papier, à la hauteur de l'épaule (parallèle au sol).

4) Observez la déchirure du papier.

Cette déchirure indique un vol correct, la pointe et l'empennage passent par le même trou.

Cette déchirure indique que le point d'encochage est trop bas, montez-le et recommencez le test.

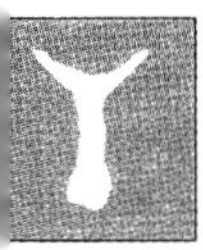

Ce type de déchirure indique soit un détalonnage trop haut, soit un problème de sortie de flèche. Pour le corriger répétez le test en descendant progressivement le point d'encochage. Si, après quelques déplacements du point d'encochage, le problème persiste, il y a probablement un problème de sortie. Si l'empennage touche le repose-flèche, voir le paragraphe n° 3, « Sortie de flèche », ci-dessus.

Cette déchirure indique, pour les droitiers, la réaction d'une flèche trop raide, les gauchers ayant un dessin inversé. Pour corriger essayez :

a) d'augmenter la force de pic,
b) d'utiliser une pointe plus lourde,
c) d'utiliser une corde plus légère (moins de brins ou une matière plus légère, tel que Fast flight),
d) d'utiliser une flèche moins rigide,
e) de diminuer la pression de l'écarteur ou d'utiliser un ressort plus faible,
f) de rentrer le repose-flèche.

Cette déchirure indique soit une flèche trop souple, soit un problème de sortie de flèche pour les droitiers (dessin inversé pour les gauchers). C'est probablement le problème le plus courant pour les archers. Ce problème peut être résolu en :

a) diminuant la force de pic,
b) utilisant une pointe plus légère,
c) utilisant une corde plus lourde (davantage de brins ou une matière plus dense),
d) utilisant une flèche plus rigide,
e) augmentant la pression de l'écarteur ou en utilisant un ressort plus fort,
f) suivant la démarche du paragraphe n° 3, « Sortie de flèche » page 79,
g) sortant le repose-flèche.

Ce type de déchirure indique une combinaison de plusieurs problèmes en vol. Utilisez les façons de procéder pour chacun des problèmes présentés ici et combinez les recommandations de rectification. Corrigez d'abord les problèmes horizontaux, puis verticaux.

Une fois que vous aurez obtenu un réglage convenable, reculez de deux à trois mètres et tirez de nouveau. Ceci vous assurera que ce réglage est correct et que la flèche n'était pas dans une position de redressement quand elle a traversé le papier à 2 mètres.

Avec l'aimable autorisation de Jas. D. Easton, Inc. U.S.A.

— ENTRAÎNEMENT PHYSIQUE ET PSYCHIQUE —

Le tir à l'arc est un sport aux gestes harmonieux, non violent. Un apprentissage méthodique permet de maîtriser l'arc, et de pratiquer le tir sans effort apparent. Les enfants, garçons et filles, s'y initient en jouant dès l'âge de huit ou dix ans. Les adultes, hommes et femmes, le pratiquent tant qu'ils y trouvent du plaisir, et parfois à un âge avancé. Un vétéran qui n'a jamais abandonné son arc, peut encore tirer de manière satisfaisante.

Aussi, beaucoup d'archers pensent que l'habitude de tirer régulièrement un après-midi par semaine dans leur club est un entraînement suffisant en soi, qui les dispense d'exercices physiques. Or, cette méthode n'est acceptable sur de courtes périodes, que pour des archers de très haut niveau. La pratique répétée et constante que ces tireurs ont de la haute compétition, leur a aguerri les muscles à l'effort ; leur maîtrise nerveuse est totale. Leur motivation : gagner encore et toujours, est le ciment de leur volonté, à laquelle tout leur corps est soumis. Ces archers sont l'exception. Ce sont ceux qui détiennent les records, les titres de champions, et les médailles olympiques.

Avant de parvenir à ces sommets, ils ont fait comme tous les autres archers : alterner des séances de tir avec un entraînement bien précis reposant sur trois facteurs essentiels :

I — *la respiration ;*
II — *la musculation ;*
III — *la concentration.*

Le tir à l'arc est un sport statique d'endurance. L'effort est répété. Quelle que soit la discipline, tir sur cible en ligne, dehors ou en salle, tir en campagne, tir de chasse simulée, un tournoi dure une journée entière, parfois deux jours consécutifs. Un tireur adulte, homme, qui pratique la compétition amateur utilise un arc de quarante à quarante-cinq livres anglaises de puissance, ce qui représente à chaque décoche une traction soutenue d'environ vingt kilogrammes. Un tournoi sur cible homologué par la fédération internationale, se dispute en cent quarante-quatre flèches, plus six flèches d'essai, ce qui représente pour l'archer à la fin de la journée, un déplacement de charge de près de trois tonnes. Cet effort soutenu demande une grande résistance musculaire et nerveuse.

Dans le tir en campagne, les vingt-huit cibles sont disposées sur un parcours de cinq à six kilomètres, et l'on tire cent douze flèches. A l'effort du tir s'ajoute celui de la marche sur un terrain accidenté. Dans ce cas la condition physique prédomine.

I. La respiration

La maîtrise de la respiration est une des clés du tir à l'arc. Au moment de la visée, l'archer doit retenir son souffle, sans être contracté. Il obtiendra alors une décoche parfaite.

Pour y parvenir, la méthode de respiration yoga donne de bons résultats. L'idéal est de l'apprendre avec un maître yoga, et ensuite de s'y exercer *dix à quinze minutes chaque jour*. En voici le principe :

Tout d'abord, il faut décontracter tout le corps. Complètement allongé dos au sol, étendu sur un tapis, paumes des mains tournées vers le ciel, commencez par rouler la tête de droite à gauche sur le tapis, lentement, sans la soutenir, une dizaine de fois. Puis, tête immobile, pensez à la relaxation à entreprendre : décrispez le cuir chevelu, lissez le front, les paupières closes, décrispez les tempes, les oreilles, lissez les joues. Desserrez les mâchoires. En passant ainsi mentalement en revue tous les sièges de l'expression, vous obtenez une sensation d'abandon complet de tout le corps. Arrivé à cet état de vacuité, vous pouvez vous concentrer sur les exercices respiratoires.

1) Respirer jusqu'au fond du diaphragme

Le diaphragme est la paroi du fond de l'appareil respiratoire qui sépare la cage thoracique des viscères. Une respiration profonde doit aller jusqu'au fond du diaphragme.

Allongé sur le sol, les mains posées légèrement sur les côtés, inspirez par le nez en poussant l'estomac en avant, ce qui fait bomber le ventre, sans cambrer les reins. Puis laissez le diaphragme revenir lentement à sa place en expirant par le nez.

Cet aller-retour doit se faire sans tension, de manière très fluide. Cette respiration par le diaphragme apporte à l'organisme le calme, une aide mécanique appréciable au rythme cardiaque. Par le massage du plexus solaire qu'elle entraîne, cette respiration contribue à la détente du système nerveux.

2) Recherche de l'amplitude thoracique

Lorsque l'on aura obtenu une obéissance aisée du diaphragme, on pourra s'attacher à la deuxième phase de la respiration : le travail de l'amplitude thoracique.

Allongé sur le sol, inspirez par le nez en poussant le diaphragme d'abord, puis continuez l'inspiration en dilatant l'ensemble des côtes.

Pour expirer, même procédé. Videz le ventre d'abord, puis la cage thoracique. Au début, c'est assez difficile.

3) La rétention du souffle

Il faudra un apprentissage plus ou moins long, selon les sujets, pour aboutir à une aisance complète de la respiration profonde. Lorsque vous aurez atteint cette maîtrise, vous passerez au stade suivant : la rétention du souffle, très utile au tireur à l'arc.

Allongé sur le sol, le dos bien à plat, inspirez jusqu'au diaphragme en le poussant rapidement, et poursuivez l'inspiration en élargissant la cage thoracique. Comptez mentalement jusqu'à quatre. Puis abaissez l'estomac et les côtes, en expirant plus lentement. Comptez jusqu'à huit. Dans cet exercice le temps imparti à l'expiration doit toujours être double de celui de l'inspiration.

Quand cette technique respiratoire est acquise, passer à la rétention de souffle rythmée : inspirez en comptant jusqu'à quatre et gardez les poumons pleins d'air en comptant jusqu'à huit. Puis expirez et là bloquez les poumons vidés en comptant également jusqu'à huit. Dès que vous pouvez faire cet exercice facilement, prolongez graduellement les temps de rétention. Par exemple : quatre pour l'inspiration, dix pour la retenue, huit pour l'expiration, dix pour la retenue à vide. Puis : quatre, douze, huit, douze, et quatre, seize, huit, seize... Ces chiffres restent toujours proportionnels. Ne pas forcer, ni se dépêcher. Comptez sur un temps d'une seconde. Si vous avez une impression d'étouffement, revenez à un temps plus court. Évitez les enchaînements automatiques. Contrôlez en esprit chaque respiration.

Ces exercices respiratoires brièvement décrits ici, sont ceux qui précèdent toute séance de yoga. Ils ont pour but d'améliorer l'utilisation de l'oxygène absorbé en augmentant la surface de la muqueuse pulmonaire. Le blocage des poumons vidés agit sur un plan nerveux, en compensant ce que la suroxygénation pourrait avoir d'excitant.

Le bienfait qui en résulte est immédiat : les muscles se débarrassent de leurs déchets dus à l'effort, et la circulation sanguine entraîne rapidement les toxines. Après une séance de quelques grandes respirations, vous êtes reposé.

II. La musculation

En observant les tireurs à l'arc qui ont une grande pratique, on remarque qu'ils possèdent en général des muscles longs et plats. Sport complet le tir à l'arc nécessite une bonne musculature souple, plutôt que forte et dure.

Les cuisses, les fessiers, les abdominaux, permettent de garder la position statique du tir. Les muscles du dos, des épaules, des bras sont sollicités pour réaliser le tir même (fig. 3).

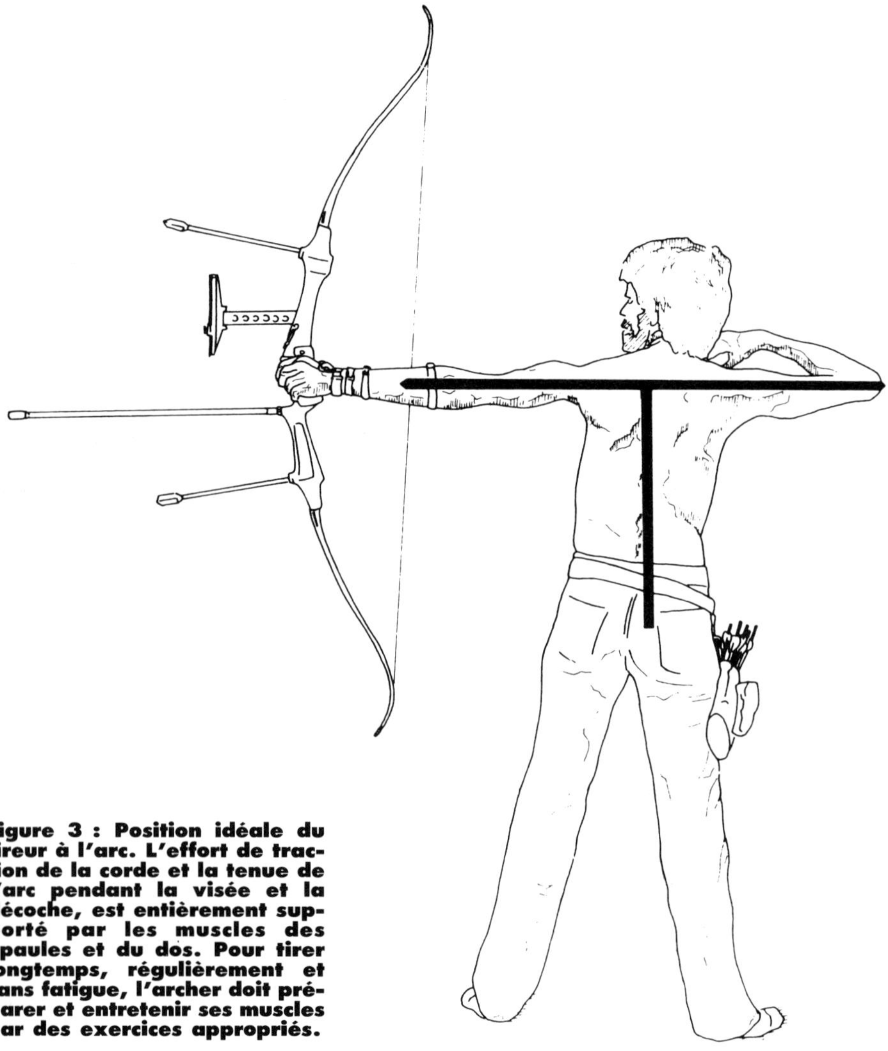

Figure 3 : Position idéale du tireur à l'arc. L'effort de traction de la corde et la tenue de l'arc pendant la visée et la décoche, est entièrement supporté par les muscles des épaules et du dos. Pour tirer longtemps, régulièrement et sans fatigue, l'archer doit préparer et entretenir ses muscles par des exercices appropriés.

Des médecins ont étudié l'anatomie et les phénomènes physiologiques qui commandent les gestes du tireur à l'arc. On peut retenir de ces études les observations suivantes.

Quels sont les muscles sollicités pour tirer à l'arc ?

Le maintien de l'arc est obtenu par l'ensemble des muscles de l'épaule, du bras, de l'avant-bras et de la main, dans un travail statique avec charge, en contraction sans mouvement. Les muscles sollicités sont :

— *A l'épaule :* les muscles deltoïde, trapèze, sus-épineux, grand dentelé ; et pour le maintien de la rotation interne : grand dorsal, sous-épineux, grand rond.
— *Au bras :* le triceps maintient l'extension en synergie avec le biceps.
— *A l'avant-bras :* les muscles radiaux, cubital postérieur, carré et rond pronateur, accompagnent le mouvement synergique de rotation de l'épaule, et de déverrouillage du coude.
— *A la main :* le cubital antérieur et le cubital postérieur, maintiennent l'inclinaison de la main.

La traction de la corde et la décoche sont obtenues par un mouvement de recul de l'épaule dans un plan horizontal déclenchant l'ouverture des doigts et le lâcher de la corde. Les muscles sollicités sont :

— *A l'épaule :* les pectoraux permettent d'attraper la corde ; le deltoïde, grand dorsal, grand rond, fournissent l'action dynamique ; le trapèze moyen, rhomboïde angulaire, fixent l'omoplate.
— *au bras :* le triceps est en contraction maxima, le biceps et le brachial antérieur, maintiennent le bras plié.
— *A l'avant-bras :* le cubital antérieur maintient la rectitude du poignet.
— *A la main :* les fléchisseurs profonds, les fléchisseurs superficiels, les interosseux palmaires, permettent la traction de la corde, puis la détente.

On constate que les deux membres supérieurs et les épaules travaillent différemment. D'un côté l'effort est statique uniquement, de l'autre il est statique et dynamique. Les muscles intervenant sont donc différents.

Les points d'appui. Pour bien tirer à l'arc, il faut pouvoir répéter les mêmes gestes, ce qui commande de retrouver toujours la même bonne position. Les muscles des membres inférieurs et du tronc, triceps sural, quadriceps, grand fessier, muscles paravertébraux, abdominaux, sont particulièrement sollicités pour maintenir une attitude statique courante sans contraction.

Les muscles de rotation du cou sont naturellement très forts. Ils maintiennent la tête immobile le temps du tir.

Comment agissent les muscles pendant l'action du tir à l'arc ?

Le travail musculaire se divise en trois différentes contractions :

— isotonique (contraction avec raccourcissement du muscle) ;
— isométrique (contraction sans raccourcissement) ;
— anxotône (avec combinaison des deux formes précédentes).

A noter que dans la contraction avec raccourcissement, plus le mouvement est rapide, moins grande est la force développée.

Les trois formes de contraction doivent être connues et surtout reconnues mentalement, car le tireur à l'arc doit impérativement utiliser le mouvement dynamique (isotonique) respectant le tonus musculaire pendant toutes les phases du tir. C'est pour cette raison qu'il faut pratiquer un tir ininterrompu. Si, au contraire, vous marquez un temps d'arrêt durant la traction de la corde (au passage du clicker, par exemple), vous transformez le mouvement isotonique en contraction isométrique. Ce phénomène entraîne une fatigue supplémentaire.

Au tir à l'arc la fatigue musculaire a deux origines :

1) Statique

Gêne circulatoire, donc diminution de l'apport d'oxygène. Cette gêne augmente en cas de fatigue générale. Elle entraîne une diffusion des contractions musculaires à d'autres muscles inutiles dans le tir à l'arc.

2) Dynamique

Épuisement des réserves énergétiques locales musculaires.

La fréquence dynamique augmente la fatigue. Cette fatigue est due à une trop lente élimination des déchets dans le sang, car la vascularisation est presque arrêtée. Il faut dans ce cas, prolonger les pauses entre le tir de chaque flèche, pour se relaxer au maximum.

— *Le tir à l'arc fait intervenir des muscles qui habituellement servent peu :* trapèze moyen, spineux, dorsaux supérieurs, fixateurs de l'omoplate.
— *La volonté intervient d'une façon primordiale* dans le maintien de la position.
— *Le centre de gravité oscille imperceptiblement.* Cette oscillation diminue avec le tonus postural.

Ces notions physiologiques permettent de dire que la réussite au tir à l'arc est directement liée à une bonne condition physique. Il faut donc éviter le tir en période de fatigue générale physique ou neuro-psychique.

Pour bien tirer, se rappeler que :

- la volonté est un facteur très important ;
- l'armement doit être rapide ;
- le maintien de la position doit être bref ;
- le temps de repos entre chaque flèche doit être important ;
- l'efficacité est d'autant plus grande que l'arc est adapté à la force de chacun, et reste en dessous du seuil critique de fatigue ;
- l'oxygénation est l'apport capital de l'énergie musculaire.

Entraînement

Comme dans tous les sports, l'entraînement doit être de deux sortes. D'une part l'entretien permanent d'une bonne condition physique, d'autre part l'entraînement à pratiquer avant une séance de tir.

1) L'entraînement permanent à pratiquer chez soi, ou mieux en salle sous la direction d'un professeur d'éducation physique, à raison de deux ou trois séances par semaine, est basé sur la gymnastique avec résistance. A titre d'exemple, voici comment peut se dérouler une séance d'une heure et demie.

a) Commencer par des mouvements d'échauffement à la barre : sautillements, pliés, battements de jambes. Votre professeur vous fera connaître un nombre varié de ces exercices à faire par séries de vingt.

b) Allongé sur le côté, au sol, en appui sur un avant-bras élevez la jambe à la verticale, en battement, puis faire des cercles en avant, en arrière, terminez par des grands ciseaux des deux jambes. Changez de côté et recommencez avec l'autre jambe. Exercices à faire par séries de vingt.

c) Pour assouplir la taille, et renforcer les muscles du tronc : jambes écartées, travaillez des mouvements de flexions sur les côtés droit et gauche alternativement, jambes tendues, en maintenant le buste droit, bras horizontaux, vingt fois. Ensuite, bras repliés, mains aux épaules, jambes tendues et écartées, tournez le buste à droite et pliez pour amener la face contre le genou, remontez, tournez le buste à gauche, pliez, recommencez, vingt fois.

d) Pour les épaules et les bras, il existe un grand nombre d'exercices de balancement, de circumduction, d'extension, à faire par petites séries de dix mouvements pour échauffer les muscles, avant de passer aux exercices avec charges, qui sont nécessaires au tireur à l'arc.

e) Pour un bon maintien de tout le corps, travaillez les muscles paravertébraux : à plat ventre, mains derrière la nuque, redresser le menton du sol. Terminez la séance par une série importante d'exercices des muscles abdominaux.

Après cette mise en forme, travaillez les membres supérieurs avec des charges : haltères, ou une résistance : tendeur.

Pour le membre supérieur qui maintient l'arc :

— exercices avec port d'haltère à bout de bras ;
— mouvements de flexion extension du poignet avec poids dans la main, paume en bas.

Pour le membre supérieur de traction :

— traction élastique à l'aide d'un tendeur, entre les deux bras provoquant le rapprochement des omoplates ;

— couché sur le ventre, bras écartés, tenez des haltères à bout de bras vers l'arrière pour rapprocher les omoplates ;
— exercices à la barre fixe pour développer les pectoraux et les muscles fléchisseurs.

2) L'entraînement avant une séance de tir consiste essentiellement en un échauffement de tout le corps, et repose sur les principes suivants :
— oxygénation musculaire par dynamisme sans résistance ;
— préparation mentale.

Juste avant le tir, l'oxygénation musculaire, c'est-à-dire l'échauffement est obtenue par des mouvements dynamiques sans résistance. Les exercices doivent être pratiqués de préférence en plein air. En voici quelques-uns :

Jambes écartées :
- mouvements d'élévation des épaules dans tous les plans ;
- élévation des épaules dans un plan horizontal avec balancements des bras ;
- maintien des bras en abduction à 90 degrés, plusieurs secondes, pour faire travailler les muscles fixateurs des omoplates ;
- flexion extension du coude dans un plan horizontal.

Exécutez chacun de ces mouvements dix ou quinze fois, en souplesse, sans forcer le rythme, en respirant bien. En fin de séance, faites quelques mouvements désordonnés des bras et des jambes pour décontracter les muscles.

La musculation proprement dite se fera d'elle-même au moment du tir. La contraction statique contre résistance est, en effet, la meilleure façon de renforcer un muscle.

La préparation mentale juste avant le tir est basée sur la confiance et la volonté.
— confiance dans votre matériel, votre technique ;
— volonté de réussir, de gagner.

Deux ou trois respirations profondes aideront à trouver le calme intérieur nécessaire à la concentration. Pour obtenir une relaxation complète des muscles, exécutez l'exercice suivant :

Debout, muscles de tout le corps relâchés, laissez tomber les épaules. Décontractez le visage, selon la méthode yoga. Décrispez le cuir chevelu, le front, les tempes, les oreilles. Pensez mentalement que vous détendez chacun de ces muscles, puis que vous lissez les joues, et décrispez les ailes du nez, la bouche. Desserrez les mâchoires. Le visage ainsi détendu, tout le corps se trouve en état de relaxation. A ce moment, sautillez sur place en laissant les bras s'agiter librement pendant quelques instants, puis revenez à votre état normal. Vos muscles des bras et des épaules seront complètement décontractés, prêts pour le tir.

III — La concentration

Pour bien tirer à l'arc, il ne suffit pas de posséder une bonne technique et un bon matériel. Il est nécessaire, indispensable, comme dans tous les autres sports, d'être mentalement concentré sur les gestes à accomplir.

Une compétition de tir à l'arc, même amicale, sans aucun enjeu important, si ce n'est celui d'être le meilleur ce jour-là dure au minimum trois heures.

Avant la compétition, il faut tout d'abord passer un long moment de concentration et de méditation pour chercher au fond de soi et trouver une définition précise de ce que l'on veut vraiment, ainsi que des efforts dont on est capable et que l'on veut déployer pour atteindre ce but.

Voici recommandées par les entraîneurs les plus avertis quelques règles à respecter et à suivre avec un esprit de continuité. Ces règles sont au nombre de quatre, qui permettent au subconscient de réagir de manière positive :

— Désirer.
— Être déterminé.
— Croire en soi.
— Comprendre.

D'abord savoir ce que l'on veut fortement. *Un désir brûlant* est la force motrice qui apporte le succès. Ce désir doit être entretenu et alimenté dans l'esprit avec un effort conscient constant et positif. Il ne faut absolument pas laisser entraîner son esprit par la moindre chose négative. Plus le désir est intense, plus l'athlète en use avec détermination.

La détermination joue un très grand rôle dans les efforts. Détermination pour travailler beaucoup, pour continuer à tout prix pour franchir les obstacles, pour informer enfin consciemment et constamment le subconscient des désirs, afin que celui-ci travaille d'une manière positive.

Croyant profondément dans vos désirs, votre détermination et vous-même, répertoriez alors dans votre subconscient uniquement ce qui est *positif*. Le subconscient n'enregistre alors uniquement que ce que vous lui avez commandé d'enregistrer, par exemple, de marcher, de courir, de conduire. Autant de choses que vous pouvez faire tout en parlant ou en réfléchissant à autre chose. Vous avez donné à votre subconscient un certain nombre de choses à répertorier qui ressortent le moment voulu, dans un effort conscient dont vous avez le contrôle. C'est ce qu'on appelle habitude.

Lorsque vous vous concentrez sur le tir, il est évident qu'un *bombardement* constant *d'informations positives* vers le subconscient créera une *foi en soi* à toute épreuve. Comme n'importe quel autre sportif, le tireur à l'arc accompli, totalement déterminé, *croit* profondément à cent pour cent dans ses possibilités. Il *comprend* vraiment où, quand, comment et pourquoi il fait tout ce qu'il fait. Il a une *compréhension positive* de tous ses problèmes de tir et sait parfaitement ce qu'il doit faire pour les résoudre. Tout travail compris jusque dans ses racines est plus aisé à pratiquer ensuite.

Une compétition de tir à l'arc dure toute la journée et est agréablement interrompue par le déjeuner pique-nique.

LA DIÉTÉTIQUE

La diététique est l'art de bien se nourrir pour conserver la santé et assurer son équilibre.

Il n'y a pas de diététique spécifique du tireur à l'arc, mais tout sportif doit observer certaines règles s'il veut épanouir son corps et son psychisme en vue de performances.

L'énergie dépensée par l'homme en activité se mesure en calories. Par exemple, un adulte dépense 65 calories par heure pendant son sommeil, 170 lorsqu'il pratique une gymnastique légère, 290 s'il utilise des haltères. Le tireur à l'arc en compétition brûle 300 calories par heure, le skieur, 600. Monter des escaliers entraîne une perte de plus de 1 100 calories par heure...

Le sportif puisera donc dans une alimentation équilibrée la réserve calorique nécessaire à l'exercice avant l'épreuve, et l'apport calorique utile pendant et après la compétition. On distingue ainsi pour chaque athlète :

— la ration d'entraînement,
— la ration de compétition,
— la ration de récupération.

La ration d'entraînement

La ration d'entraînement doit être aussi équilibrée et variée que possible et utiliser harmonieusement toute la gamme d'aliments mis à notre disposition par la nature. Elle ne comporte pas d'interdit à proprement parler, mais il est recommandé d'éliminer les préparations grasses, charcuterie, plats en sauce et certains légumes à forte teneur en cellulose.

Pour un athlète moyen, cette ration journalière doit comporter en moyenne 3 200 à 3 500 calories apportées par :

— *15 % de protides,* dont la moitié sera tirée du règne animal (lait, fromages, volailles, viandes, poissons, crustacés) et l'autre moitié du règne végétal (pain, céréales, légumes secs).
— *30 % de lipides,* dont les deux cinquièmes seront des lipides végétaux (huiles diverses : arachide, olive, maïs, tournesol, soja, palme, margarine), les autres lipides étant le beurre, la crème fraîche, le lard et toutes les graisses animales.
— *55 % de glucides* (y compris les calories de la ration alcoolique qui ne dépasseront pas 4 à 5 % du total). On trouve des glucides dans les aliments à base d'amidon : pain, pommes de terre, pâtes, riz par exemple, et dans les produits sucrés : sucre de canne, confiture, miel, chocolat, biscuits, etc.

Les vitamines et les sels minéraux

Une alimentation équilibrée et variée, avec un apport correct en légumes verts et fruits couvre tous les besoins en vitamines d'un sportif.

Il en est de même en ce qui concerne les sels minéraux. Mais on n'insiste jamais assez sur la nécessité d'une alimentation riche en lait et fromages, seule source correcte d'apport de calcium.

Les boissons

Seule l'eau est indispensable au corps humain. Il faut boire de préférence entre les repas et beaucoup, c'est-à-dire au moins un litre et demi à deux litres d'eau par jour. L'athlète qui ne boit pas suffisamment s'expose à des accidents, tels que les tendinites, par exemple ; les tendons deviennent très fragiles par suite d'un manque d'apport hydrique dans l'organisme.

Le vin est tolérable à raison d'un seul verre par repas. Les jus de fruits frais (agrumes) sont excellents, mais évitez les boissons gazeuses sucrées qui provoquent ballonnements et acidités.

La ration de compétition

La veille d'une compétition, il ne faut rien changer à l'habituel. Mais le jour de la compétition, il faut apporter à l'organisme avant l'épreuve :

— des protides de haute valeur biologique pour assurer un bon tonus végétatif ;

— des glucides d'assimilation rapide (levulose, glucose) pour assurer une constance de la glycémie, d'autant plus marquée d'ailleurs, que des protides ont été absorbés quelques temps auparavant ;

— de l'eau, des sels minéraux, des vitamines.

Pour éviter que l'épreuve ne se déroule pendant la période digestive, le dernier repas est pris trois ou quatre heures avant le début de la compétition.

Au tir à l'arc, les compétitions commencent généralement vers neuf heures du matin et durent toute la journée. On peut se poser la question de savoir s'il faut faire un véritable repas, trois heures avant. La réponse est affirmative : le repas est d'autant plus important que le rythme des épreuves très rapprochées rend difficile la prise de repas très caloriques au cours de la journée et il est certain que si le tireur est insuffisamment nourri, sa forme risque d'être notablement abaissée, ainsi que sa capacité d'attention.

L'idéal est de s'habituer une quinzaine de jours avant la compétition à se lever vers six heures du matin afin que le jour de celle-ci, sans modifier brutalement ses habitudes, on puisse faire le dernier repas suffisamment tôt avant le début des épreuves.

En dehors de la question horaire, reste celle de la viande qui n'est pas toujours très bien acceptée à une heure aussi matinale. Il suffit de la remplacer par du jambon maigre ou des œufs. Là aussi, quelques essais avant le jour de la compétition sont conseillés afin d'éviter toute variation brutale d'habitude, toujours néfaste, et de connaître ses réactions à ce genre de repas.

Ces considérations valent principalement pour les compétitions de tir F.I.T.A. (quatre distances, 144 flèches) ou de tir en campagne (6 km parcourus, 52 flèches tirées) réalisées en une seule journée. C'est dans ce type de championnats que l'on voit de bons tireurs faire de mauvais scores, le plus souvent en raison d'une fatigue exagérée due à une mauvaise répartition de l'alimentation calorique et d'un manque d'absorption d'eau.

Lors de championnats du monde F.I.T.A. on ne tire que deux distances par jour (72 flèches), ce qui permet d'éviter un excès de perte calorique, d'hypoglycémie, et la déshydratation.

La ration d'attente

La ration d'attente consiste en la prise de jus de fruit frais (agrumes de préférence) sucrés légèrement : 1/4 à 1/3 de litre toutes les trente ou quarante-cinq minutes, en arrêtant la prise une demi-heure avant le début de la compétition. On peut remplacer le jus de fruit par du thé léger ou une infusion de tisane.

L'alimentation pendant la compétition

Il est tout à fait indiqué de boire entre les épreuves des boissons sucrées, jus de fruit, thé, et surtout de l'eau par temps chaud, et de consommer des aliments glucidiques, biscuits, sucre, chocolat, sans excès.

L'apport de certains minéraux est intéressant également : chlorure de sodium sous forme de cachets de sel, potassium sous forme de gluconate de potassium.

Ces deux apports ne suffisent pas toujours pour toute une journée, il faut donc prendre un repas léger au milieu de celle-ci. On ne peut conseiller la prise d'un repas habituel, le temps manquant avant la reprise des épreuves, pour assurer la digestion. Cependant un petit repas à midi composé de viande hachée, yaourt, fruits cuits, par exemple, qui de digestion facile, permet cependant de satisfaire sa faim et d'apporter un volume calorique suffisant.

La ration de récupération

Aussitôt l'épreuve terminée, il est conseillé d'absorber une eau fortement minéralisée (Perrier, Vittelloise, Vichy) additionnée de sel et de gluconate de potassium.

Les deux principaux repas qui suivent la compétition doivent être pauvres en matières azotées car, au cours de l'effort, l'organisme a accumulé des toxines dues à la fatigue, à base d'azote, qu'il faut éliminer. Pour faciliter cette opération, les deux repas seront pauvres en viandes, poissons et œufs et il faudra veiller à boire beaucoup.

L'archer et les autres sports

Certains archers de très haut niveau ne pratiquent aucun autre sport. Le tir à l'arc est leur seul plaisir, leur seule joie de vivre.

Mais, en général, les archers aiment trouver dans certains sports une activité qui les repose des tensions nerveuses que demande le tir à l'arc. En pratiquant ces sports, ils améliorent leur tonicité musculaire, et leur capacité respiratoire. Ainsi, les sports recommandés aux archers sont de préférence :

— *le cross-country, la bicyclette,* marcher, courir, pédaler, font travailler les membres inférieurs en mouvements, alors que le tir à l'arc demande un effort statique prolongé ;

— *la natation* permet de maintenir, et même d'augmenter le volume de capacité respiratoire ;

— *l'haltérophilie,* sans exagération, permet de développer les muscles du dos, des épaules, des bras, dont la bonne condition influence les résultats du tireur à l'arc ;

— *le judo* apprend à dominer la peur, à aiguiser les réflexes, à exercer la volonté, qualités indispensables au tir à l'arc.

D'autres sports peuvent être ajoutés à cette liste, selon les goûts et les aptitudes de chacun, le tennis, pour la rapidité de la décision, le golf pour la marche, le tir au pistolet ou à la carabine pour la maîtrise, sont d'excellents exercices. L'archer y puisera les réserves de condition physique dont il a besoin pour tirer à l'arc.

– PRINCIPES DU TIR A L'ARC –

Sur la ligne de tir l'archer est face à la cible. Les pieds solidement ancrés au sol, les hanches basculées en avant, le ventre plat, les épaules basses, rejetées en arrière, la tête droite, le regard fixé sur la cible. Ses gestes sont coulés, lents, précis : il incline l'arc, place sa flèche, prend la corde, monte les deux bras tendus, il tire la corde jusqu'à son visage. Un temps, il s'arrête, puis lâche la corde, la flèche est partie, déjà elle se plante dans la cible, dans ce fameux rond jaune qu'on appelle « or ». L'archer relâche les bras et les épaules, pose son arc sur un trépied, prend ses jumelles et vérifie l'impact de sa flèche, le point réalisé. Puis il recommence.

Vus de loin, sur le bord du stade, tous les gestes de l'archer paraissent simples et faciles. Ils le sont, en effet, ce qui est plus difficile, c'est d'atteindre la perfection et de répéter à chaque flèche ces mêmes gestes identiques.

L'analyse précise d'une séquence de tir montre les nombreux détails qui échappent au regard du néophyte, mais que le tireur doit apprendre, imprimer dans son subconscient pour les reproduire instinctivement à chaque tir de manière identique.

Les premières flèches

Le tir à l'arc étant basé sur la visée, le débutant doit savoir avant toute chose quel est son œil dominant, afin de déterminer s'il est droitier ou gaucher. Le droitier tient son arc de la main gauche, et tire la corde à l'aide de la main droite. Il vise avec l'œil droit. Le gaucher fait l'inverse.

Une méthode facile de contrôle pour connaître l'œil dominant consiste à former un rond à l'aide du pouce et de l'index d'une main. Allonger le bras en direction d'un objet. Les deux yeux ouverts placer visuellement cet objet au centre du rond formé par le pouce et l'index. Sans bouger la tête de cette position, fermer un œil en gardant le second ouvert. Faire le même exercice avec l'autre œil fermé et le premier ouvert. L'œil dominant est celui qui voit l'objet dans le rond.

L'ensemble des indications techniques données ci-après sont établies pour un droitier. Pour un gaucher il y a lieu d'inverser.

1) Position

Il y a deux manières de se placer face à la cible : l'une droite, ou fermée, l'autre, en angle, ou ouverte (fig. 4).

Dans la position droite, la pointe des pieds est placée contre une ligne imaginaire perpendiculaire à la cible. Le centre de gravité du corps surplombe cette ligne, le poids du corps également réparti sur les hanches. Les genoux bloqués, les muscles des cuisses fermes, les doigts des pieds doivent sentir le sol, ce qui permet de contrôler le balancement du corps.

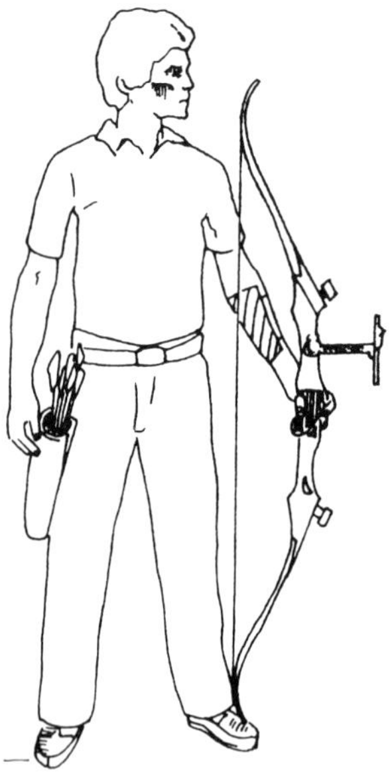

Figure 4 : Position ouverte.

Dans la position en angle, les pieds sont placés de part et d'autre de la ligne imaginaire perpendiculaire à la cible, le centre de gravité du corps surplombe cette ligne, le poids du corps également réparti sur les hanches. Cette position permet une meilleure stabilité générale et une moindre fatigue du bras qui tient l'arc, ce qui est important en compétition. La corde tendue ne risque pas de toucher la poitrine du tireur, comme dans la position droite. Les femmes adoptent de préférence cette position en angle. Dans un cas comme dans l'autre, les épaules sont alignées perpendiculairement à la cible, la tête face à la cible.

2) Mise en place de la flèche

L'arc tenu en main solidement et légèrement incliné, saisir la flèche dans le carquois, placer le tube sur le repose-flèche, et sous le contrôleur d'allonge. Pincer l'encoche de la flèche entre le pouce et l'index, et emboîter la corde dedans, entre les repères. Vérifier la position de la plume coq (fig. 5).

3) Position de la main d'arc

La poignée de l'arc doit trouver son assise naturelle et confortable dans la paume de la main. Selon la morphologie de la main, la résistance du poignet, l'archer a le choix entre deux types de préhension de l'arc : haute ou basse (fig. 6).

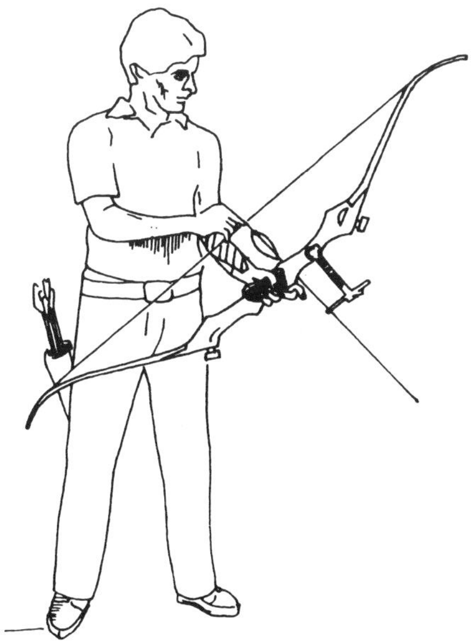

Figure 5 : Mise en place de la flèche sur la corde.

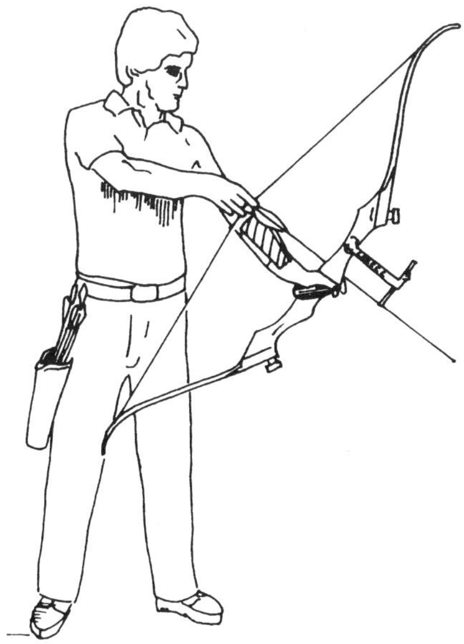

Figure 6 : Préhension de l'arc dans la paume de la main.

Dans la préhension haute, la main et le pouce sont placés dans le prolongement de l'avant-bras. L'arc repose sur le haut de la fourche formée entre le pouce et l'index, la partie antérieure du pouce ne touche pas la poignée de l'arc. Cette position serait idéale si le poignet n'avait pas tendance à bouger, ou à se « casser » sous la pression de l'arc lors du tir.

La préhension basse plus sûre, est davantage employée par les archers. La poignée de l'arc est en contact avec l'intérieur de la paume et du pouce, mais sans exagération, le poignet légèrement « cassé ». Un axe imaginaire qui passerait par le centre de la poignée doit coïncider avec le centre d'une ligne qui partirait de la base du pouce, près du poignet, et irait au haut de la fourche formée par la première articulation de l'index.

Il est très important de prendre conscience de la place de la poignée de l'arc dans la main, et de la conserver tout au long des tirs. Le moindre écart aurait une conséquence désastreuse sur la précision du tir.

Dernière recommandation : ne jamais serrer les doigts sur la poignée. Cela empêcherait l'arc de réagir normalement au moment de la décoche.

Mise en place de la flèche sur l'arc.

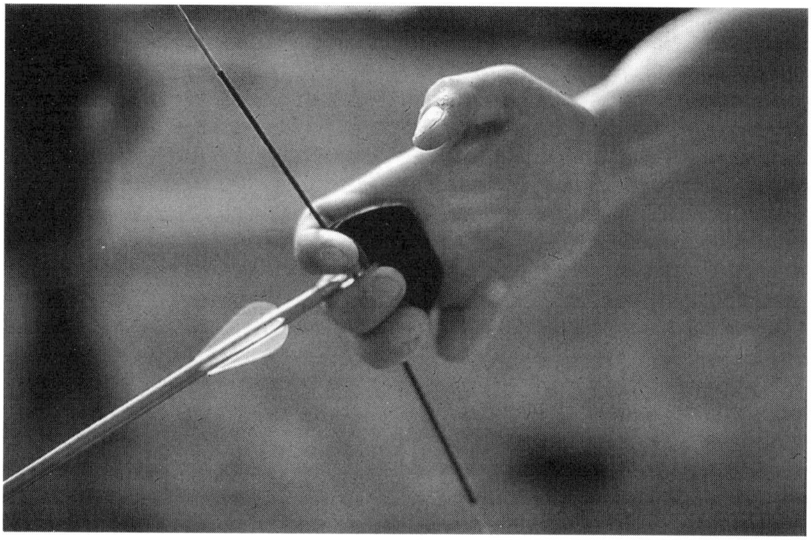

Prise en main de la corde : la palette en cuir empêche les doigts de se resserrer et de pincer l'encoche de la flèche.

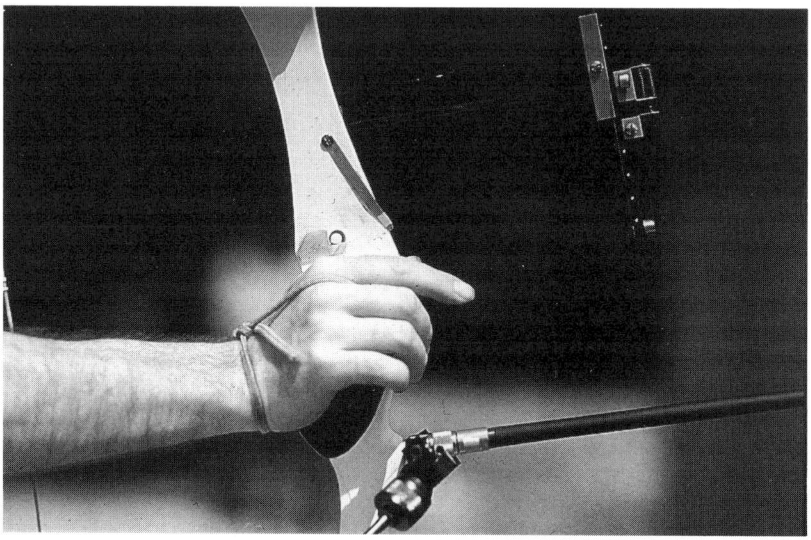

Prise en main de l'arc : la paume est appuyée contre la poignée de l'arc, les doigts restent souples, sans serrer.

4) Préhension de la corde

Trois doigts servent à tirer la corde : l'index placé au-dessus de la flèche, le majeur et l'annulaire placés à un centimètre environ en dessous de la flèche. La corde appuie sur le milieu de la première phalange. Le pouce est rentré à l'intérieur de la main. Le dos de la main doit rester plat, ainsi que les deuxième et troisième phalanges. Ceci est très important pour obtenir une bonne décoche. Si l'alignement est parfait les doigts se « déroulent » autour de la corde libérant la flèche absolument droite. Sinon la corde est « arrachée » donnant une secousse latérale au départ de la flèche (fig. 6).

Il est recommandé d'utiliser un protège-doigts en cuir pour éviter le frottement de la corde sur la peau. Cette « palette » est munie d'une cale à l'intérieur qui sert à maintenir les doigts écartés. Les doigts ne doivent jamais toucher la flèche.

5) Armer en position de tir

Pour se mettre en bonne position de tir, l'archer regarde vers la cible, la tête droite. Il monte les deux bras en même temps : l'un amène l'arc dans un plan vertical, épaule basse, coude en dehors. L'autre bras replié, coude à hauteur de l'épaule, les doigts maintenant la corde, il amène celle-ci vers son visage, à hauteur du menton, sans avancer la tête. Ce mouvement souple doit amener le viseur au-dessus du centre de la cible. La visée se fera ensuite plus facilement en descendant légèrement l'arc (fig. 7).

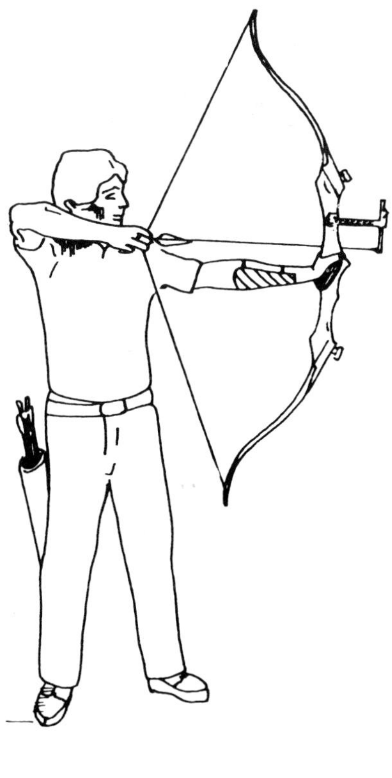

Figure 7 : Armement en position de tir.

6) Tension et ancrage

A ce moment de l'ancrage, la seconde phalange de l'index de la main qui tire la corde vient s'appuyer sous le menton. La corde écrase le bout du nez et le milieu du menton, la tête est maintenue bien droite. L'archer doit alors verrouiller sa position : tendre les muscles, jambes, bassin, dos, épaules, afin de se trouver en bonne position pour viser. A ce moment, la ligne qui rejoint le coude du bras de traction à la main d'arc doit être droite et strictement parallèle au sol. On dit alors que l'archer est « en ligne » (fig. 8).

7) Visée

En pleine tension, l'archer maintient sa position grâce à la puissance de ses muscles du dos et des épaules. Il ne fait aucun effort particulier avec ses biceps, ni ses avant-bras. Sa respiration contrôlée est retenue. Il se concentre sur la visée, c'est-à-dire que son œil dominant doit voir le point de mire de son viseur superposer le centre de la cible. Ne jamais regarder la pointe de la flèche. La corde le long de la joue d'arc doit être bien alignée (fig. 9).

Figure 8 : Ancrage et placement « en ligne ».

Figure 9 : Alignement de la corde et visée.

Ancrage typique du tir à l'arc sans viseur ou instinctif. Ici le champion du monde. Berggren (Suède) tire la corde, trois doigts en dessous de l'encoche. Il vise à « la pointe de flèche ».

L'ancrage haut sur la pommette lui permet d'envoyer la flèche directement dans la cible sur une courte distance (photo ci-contre).

L'ancrage à la commissure des lèvres est utilisé pour les longues distances (photo ci-dessus).

Si le réglage du viseur sur la distance choisie a été bien fait, et la position bonne, le temps de visée est très court entre 6 et 10 secondes. Retenir la respiration jusqu'à la décoche.

Autre attitude de John Williams (États-Unis), médaille d'or aux jeux Olympiques de 1972 à Munich, qui tire la tête légèrement inclinée et un œil fermé.

8) Décoche

La décoche est la libération de la flèche. Au moment optimum de la visée, les muscles du dos continuent leur traction, en arrière, de la main de corde et obligent les doigts à libérer la corde. La corde roule contre les doigts (fig. 10).

A ce moment-là, quatre conditions doivent être réunies : la visée doit être juste, mire sur le centre de la cible, l'allonge totale, la corde en ligne le long de la fenêtre de l'arc, la position parfaite, la respiration retenue. Un contrôleur d'allonge, petit ressort métallique placé au-dessus du repose-flèche, et sous lequel passe la flèche, permet de retrouver à chaque décoche la même allonge. Au moment de l'extension complète des épaules, le petit ressort libère la flèche, à l'instant même où les doigts quittent la corde. Le contrôleur d'allonge ne doit cependant pas être un signal de départ de la décoche.

Le geste de libération de la corde projette la main en arrière, vers le cou, dans un mouvement non contrôlé.

Le processus de la décoche se déroule en deux phases :

Figure 10 : Décoche et contrôle mental.

a) contrôle de la position du corps

— les deux épaules basses sont sur un même plan ;
— le bras d'arc tendu vers la cible est sur le même plan que les épaules ;
— l'avant-bras de corde et le coude sont dans l'axe de la flèche ;
— les deux mains et les doigts sont décontractés ;
— les deux omoplates se resserrent par l'action des muscles du dos et des épaules (deltoïde postérieur).

b) lâcher de la corde

— au moment où l'archer décide de tirer
— les doigts de corde se relâchent complètement ;
— la main d'arc reste décontractée ;
— les muscles postérieurs du dos et des épaules continuent à être contractés.

Lorsque la corde quitte les doigts, la main, l'avant-bras et le bras de corde sont projetés vers l'arrière par la tension continue des muscles du dos et vers le bas par la décontraction du deltoïde supérieur ; la main d'arc, toujours décontractée, est entraînée par l'arc vers l'avant. Le bras d'arc reste en place en direction de la cible par le maintien des muscles du bras et de l'épaule.

La flèche est maintenue horizontale sur le repose-flèche grâce au bouton de pression, la pointe se trouve au bord de la lame du clicker prête à s'envoler.

9) Suivi de la décoche

La flèche partie, l'archer garde la position jusqu'à ce que celle-ci soit dans la cible. La position du corps, tête y compris, doit être conservée après la décoche, de manière à éviter de s'affaisser, de baisser les épaules, de tourner la tête, avant le départ de la flèche, ce qui aurait un effet préjudiciable au tir (fig. 11).

Figure 11 : Maintien de la position après la décoche.

Pendant dix ans, Darrel Pace (USA) a dominé le tir à l'arc mondial ; il fut deux fois médaille d'or aux jeux Olympiques de 1976 à Montréal, et à ceux de 1984 à Los Angeles. Sa concentration est exceptionnelle : après le départ de la flèche, ses épaules restent en ligne, sa tête n'a pas bougé, son regard ne quitte pas la cible ; l'arc repose léger sur la main, le bras est ferme. Simplicité et naturel.

Le contrôle de la respiration

La séquence de tir, armement, visée, décoche, doit s'effectuer selon un rythme respiratoire contrôlé.

Ce contrôle permet de tenir armé plus longtemps et d'éviter la fatigue physique et mentale. Un archer qui domine sa respiration acquiert une plus grande régularité pendant les tirs prolongés, et une récupération beaucoup plus rapide.

Les temps de respiration se répartissent ainsi :

- en plaçant la flèche, inspirer profondément autant avec le ventre, qu'avec les poumons ;
- expirer ;
- inspirer de nouveau ;
- expirer en plaçant les mains de corde et d'arc ;
- inspirer en bandant l'arc ;
- expirer environ la moitié de la capacité pulmonaire, tout en ajustant le viseur au centre de la cible ;
- bloquer la respiration pendant tout le temps de la décoche. On doit se sentir bien, avoir une impression de puissance, de confort et d'aisance ;
- après l'arrivée de la flèche dans la cible, inspirer profondément.

Archer sur le pas de tir olympique à Barcelone, en 1992. Premier objectif à atteindre : dominer sa peur.

Séquence de tir

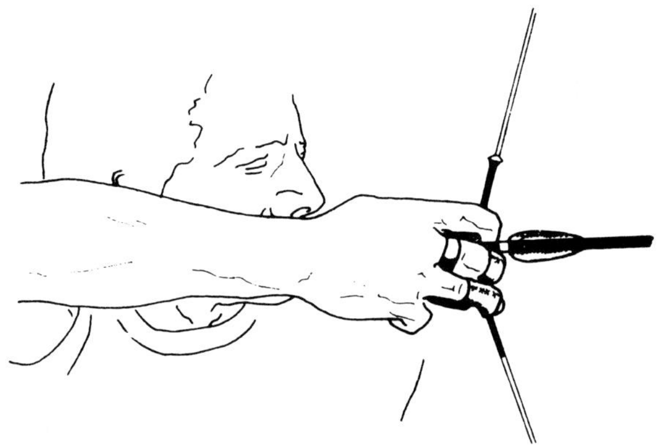

Figure 12 : L'archer tire la corde, les épaules en ligne, le regard ne quitte pas la cible.

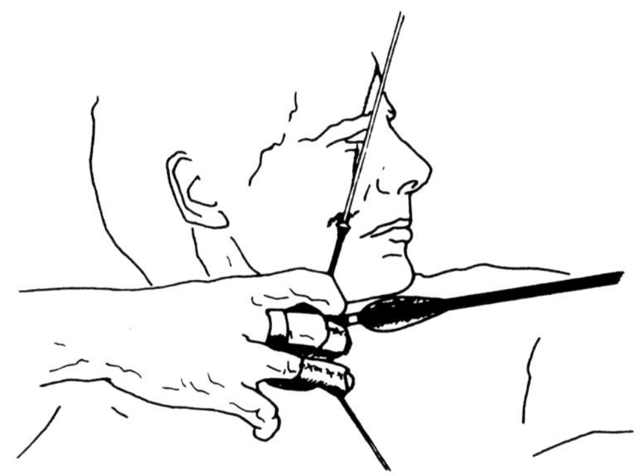

Figure 13 : Il amène la corde sur le côté du visage.

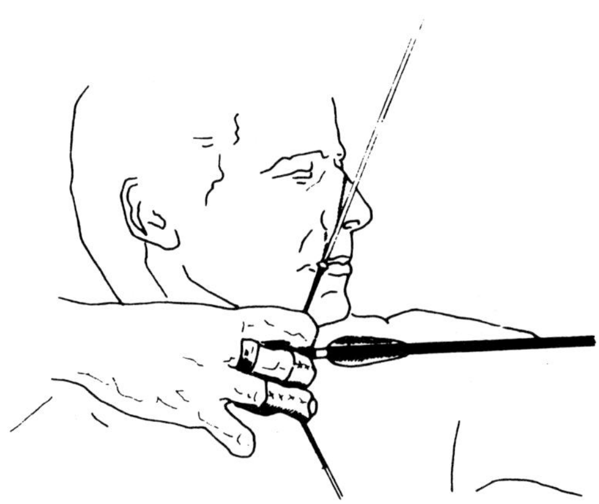

Figure 14 : Il ancre sa main contre le maxillaire.

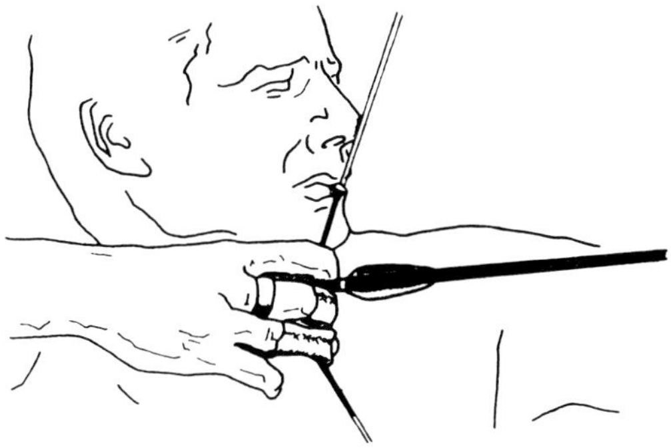

Figure 15 : Il aligne la corde, en la fixant contre son menton et l'extrémité de son nez, mais légèrement sur le côté.

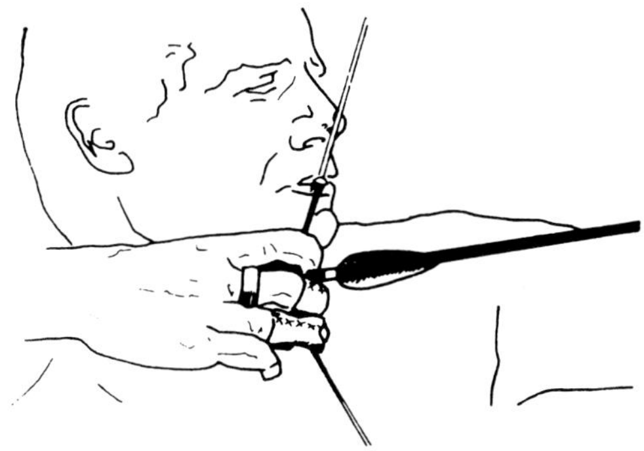

Figure 16 : Il vise, et décoche.

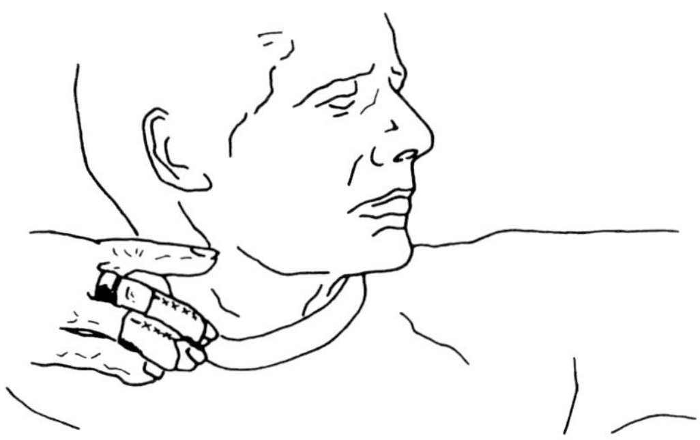

Figure 17 : Sa tête, ses épaules et ses bras n'ont pas bougé après la décoche ; son regard n'a pas quitté la cible.

Position de la main d'arc

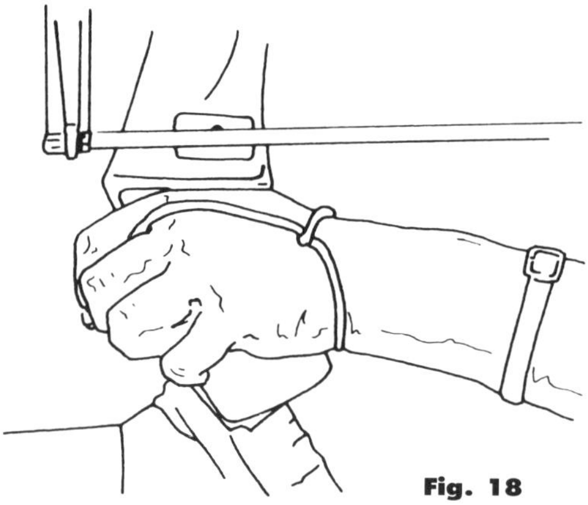

Fig. 18

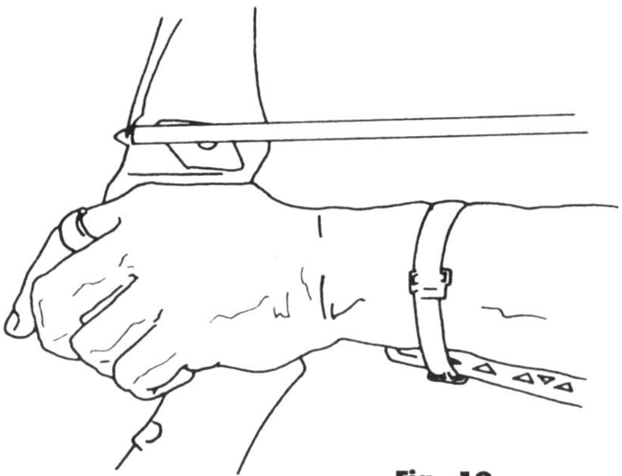

Fig. 19

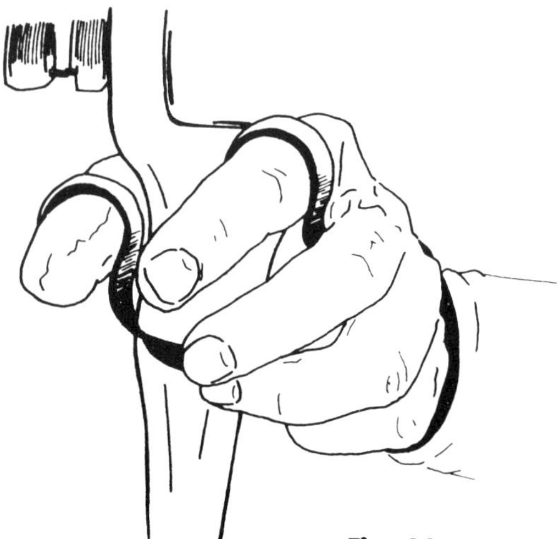

Fig. 20

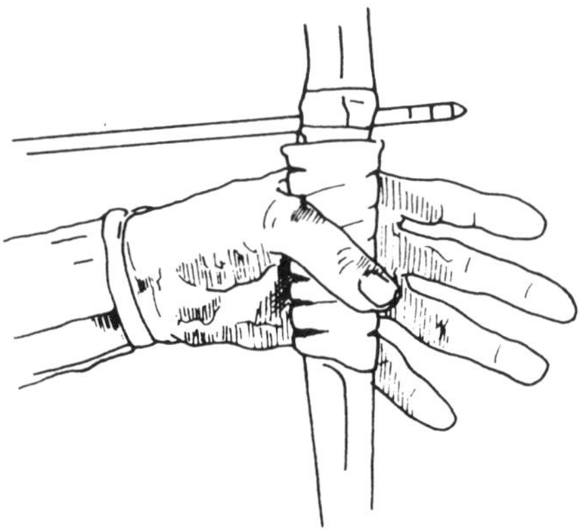

Fig. 21

Figures 18, 19, 20, 21 : Quelles que soient la forme de la poignée de l'arc et la position de la main choisie, haute ou basse, les doigts restent souples et ne doivent jamais serrer l'arc.

Position des doigts sur la corde

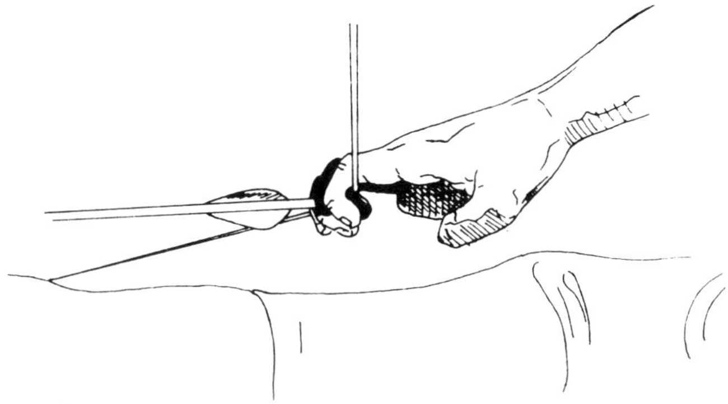

Figure 22 : La palette avec écarteur de doigts aide à saisir la corde, sans toucher l'encoche de la flèche ; les doigts sont plats dans le prolongement de la main.

Récapitulation de la séquence de tir

1) Position du corps

1.1 — Vérifier la position des pieds par rapport à la cible.
1.2 — Faire porter le poids du corps légèrement en avant.
1.3 — Verrouiller l'articulation des genoux.
1.4 — Se tenir droit.
1.5 — Respirer profondément.

2) Mise en place de la flèche

2.1 — Encocher la flèche sur la corde.
2.2 — Placer les doigts sur la corde.
2.3 — Sentir la corde des doigts.
2.4 — Respirer profondément et lentement.

3) Position du bras et de la main d'arc

3.1 — Sensation de la position.
3.2 — Arc en travers du pouce, paume en partie ouverte.
3.3 — Placer l'épaule basse.
3.4 — Faire pivoter et verrouiller le coude.
3.5 — Inspirer et expirer lentement.

4) Préhension de la corde

4.1 — Tendre la corde d'un mouvement continu.

5) Armer en position de tir

5.1 — Ancrer la main sous le menton.
5.2 — Se tenir droit, ne pas pousser en arrière.
5.3 — Arrêter la respiration.

6) Tension et ancrage

6.1 — Aligner la corde sur la joue d'arc.
6.2 — Décontracter la main de corde.
6.3 — Verrouiller les muscles du dos.
6.4 — Verrouiller les muscles des épaules.

7) Visée

7.1 — Visée intense.
7.2 — Retenir la respiration.
7.3 — Dès que prêt...

8) Décoche

8.1 — Explosion pour la décoche.

9) Suivi de la décoche

9.1 — Vérifier la main de corde.
9.2 — Vérifier la main d'arc.
9.3 — Vérifier le bras d'arc.
9.4 — Contrôler la visée.
9.5 — Décontraction complète du corps.

0.0 — Réviser la liste de contrôle pour préparer le coup suivant.

Entraînement du jeune archer : répéter le geste parfait des milliers de fois... c'est le secret de la réussite.

Les principales causes de dérèglement du tir

De nombreux facteurs interviennent dans la réussite au tir à l'arc : physiques, psychologiques, techniques. Aussi, il n'est pas rare, qu'après une période de progrès constants, l'archer se trouve en face de difficultés qui bouleversent complètement son tir. Il doit alors, aidé d'un autre archer plus averti que lui, ou mieux d'un moniteur compétent, analyser les causes de ces dérèglements.

Une des premières causes d'un mauvais tir est très souvent le trac. Cela arrive à tous, même aux champions. Le trac est la manifestation d'une perte de confiance en soi, qui se traduit par une incapacité de placer, et de maintenir le viseur au centre de la cible, puis de décocher sans altérer l'alignement de la visée.

Cette perte de confiance en soi, est due le plus souvent à une mauvaise condition physique, une respiration non contrôlée, ce qui entraîne la fatigue. L'œil ne parvient plus à fixer le viseur et regarde la cible.

Pour remédier à ce trac, il faut améliorer sa condition physique, réapprendre à contrôler sa respiration en pratiquant le yoga par exemple, retravailler la technique du tir sous la surveillance d'un moniteur.

Une autre forme de trac, consiste en un blocage sur un point quelconque en dehors du centre de la cible.

Même en compétition les jeunes archers ignorent le trac.

Entraînement de jeunes archers sous la contrainte d'un moniteur.

Le tireur arme, par exemple, au-dessus de la cible. Il se bloque dans cette position et est alors incapable de déplacer le viseur. Le tireur fait un très gros effort pour descendre au centre de la cible, se fatigue énormément mentalement et physiquement, et déclenche une action réflexe incontrôlable qui l'oblige à décocher prématurément.

Quand le tireur est devenu complètement incapable de descendre son viseur au centre de la cible, il le règle au-dessus. Ce procédé n'est efficace que fort peu de temps, en revanche toute sa technique s'altère rapidement.

Pour résoudre ce problème, l'archer doit prendre conscience de sa gravité, et savoir s'il est provoqué par un réflexe mal conditionné qui a perturbé la confiance en soi. Tout ce qui peut redonner confiance en ce qui concerne la tenue, la visée, la décoche, aidera l'archer à retrouver un tir normal.

Un exercice peut aider à remédier à ce défaut :

• Utiliser un grand arc léger, une grande cible, et tirer de très près, cinq mètres environ. Pendant l'armement, placer le viseur dans le centre de la cible. Parvenir à la tension totale en maintenant le viseur à la même place. Si le viseur se déplace, *recommencer*. Ne jamais déplacer le viseur sur la cible, lorsque l'arc est bandé. S'exercer à tenir la visée pendant au moins 7 à 10 secondes ; si le viseur se déplace, recommencer.

• Maintenir le viseur au centre, contracter les muscles du dos, essayer de rapprocher les omoplates, concentrer son esprit sur celles-ci. Ne décocher que consciemment, en toute lucidité.

Quelques fautes courantes à éviter

Les mauvaises habitudes se prennent très vite. L'archer doit faire attention à les éviter et être vigilant.

— Des fautes de visée peuvent être dues à la lassitude, ou à l'incompréhension de saisir l'importance de l'alignement de la corde et du viseur sur la cible.

— Décocher en sachant parfaitement que l'alignement est mauvais, risque de devenir une habitude néfaste.

— Un contrôle incorrect de la respiration ne permet pas au tireur de tenir assez longtemps la visée ; le tireur décoche en étant insatisfait et à bout de souffle.

— Tirer sur la cible sans se concentrer sur un point précis, d'où une décoche prématurée.

— Viser les deux yeux ouverts, alors qu'il est préférable de viser avec l'œil dominant.

— Tirer en déplacement. La flèche est lâchée automatiquement quand on voit la cible ou que l'on passe dessus, en balayage.

— Ne pas avoir de position solide d'ancrage ou sans possibilité de contrôle. Ne pas oublier que l'ancrage joue le même rôle qu'une hausse.

— Pendant la visée, l'œil quitte le viseur pour regarder une autre partie de l'équipement.

Les erreurs de tir

Tir groupé à gauche

Erreurs provenant d'un mauvais réglage du matériel

- Mauvais réglage de l'arc.
- Flèche trop rigide.
- Repose-flèche trop écarté, ou trop reculé.
- Ressort du bouton de pression trop serré.
- Empennage trop petit.
- Pointes de flèches trop légères.
- Curseur de visée trop rentré.
- Palette de doigts trop épaisse.

Erreurs relevant de la technique

- Le poignet est trop à droite sur le point de pression de la poignée d'arc, ce qui provoque une torsion (dans le sens des aiguilles d'une montre) sur la poignée lors de la décoche, et dirige la corde sur le bracelet.
- Décocher en passant devant la cible de droite à gauche. Cette décoche est trop nerveuse, l'accompagnement du bras est exagéré.
- La main de corde trop contractée s'écarte du visage pendant le lâcher.
- Les doigts sont trop crispés sur la corde, ce qui empêche la décontraction à la décoche.
- L'allonge est insuffisante.
- Au cours de la visée, relâchement de la tension, ce qui raccourcit l'allonge.
- L'arc penche vers la droite.
- La corde frappe le bracelet au passage, le coude est tourné vers la corde.
- La corde frotte la poitrine au passage.
- Prise d'arc trop contractée.
- Pendant l'action le point de pression de l'arc se déplace vers le bas et à droite.
- Le corps penché en arrière provoque un raccourcissement de l'allonge.
- Visée intermittente avec l'œil gauche.
- Le point d'ancrage est trop à gauche.
- La tête est penchée vers la gauche, ce qui détruit le bon alignement de la corde.

Tir groupé à droite

Erreurs provenant d'un mauvais réglage du matériel

- Mauvais réglage de l'arc.
- Flèche trop souple.
- Repose-flèche trop rentré.
- Bouton de pression trop faible.
- Repose-flèche trop avancé.
- Empennage trop important ou trop lourd.
- Pointes de flèches trop lourdes.
- Curseur de visée trop sorti.

Erreurs relevant de la technique

- Le poignet est trop à gauche sur le point de pression de la poignée de l'arc. Ce qui provoque une pression de droite à gauche sur la poignée de l'arc, et dès le lâcher de la corde, l'arc pivote vers la gauche.
- Décocher en passant devant la cible de gauche à droite. La décoche est arrachée vers l'arrière ce qui réduit la rigidité de la flèche. Le mouvement du bras d'arc est nerveux et exagéré vers la gauche et vers le bas.
- La main de corde n'est pas à sa place, trop rapprochée du visage pendant le lâcher.
- Les doigts encochent trop profondément, ce qui provoque une allonge plus grande et une décoche trop arrachée.
- Alignement de la corde trop à gauche.
- Trop grande allonge.
- Nervosité au cours de la visée. La corde est tirée par à-coups vers l'arrière.
- L'arc penche à gauche.
- La tête penche vers la droite.

Tir groupé en haut

Erreurs provenant d'un mauvais réglage du matériel

- Mauvais réglage du curseur.
- Repose-flèche trop dur verticalement.
- Point d'encochage sur la corde trop bas.
- Emploi de flèches plus légères que d'habitude.

Erreurs relevant de la technique :

- Le poignet est trop écrasé vers le bas, ce qui déplace le point de pression de la poignée dans ce sens.

— Armement de l'arc au-dessus de la cible : décoche prématurée avant de descendre dans le centre de la cible.
— La main de corde est trop basse par rapport à l'œil.
— La tête est trop relevée, le nez ne touche plus la corde.
— Armement avec les épaules contractées et hautes, ce qui fait relever le menton.
— Le doigt au-dessus de l'encoche est trop écarté de celle-ci, il en résulte un encochage trop bas.
— Pendant l'action le point de pression de la poignée de l'arc se déplace vers le bas.
— Prise de l'arc avec le bras trop contracté, ce qui provoque au moment du lâcher, une réaction en avant et vers le bas, en coup de poing.

Tir groupé en bas

Erreurs provenant d'un mauvais réglage du matériel

— Mauvais réglage du curseur.
— Repose-flèche trop mou verticalement.
— Point d'ancrage trop haut.
— Emploi de flèches plus lourdes qu'à l'habitude.

Erreurs relevant de la technique

— Le poignet est trop relevé, le point de pression de la poignée est déplacé vers le haut.
— Armement de l'arc en dessous de la cible. Décoche prématurée.
— Bras d'arc pas assez relevé. Les deux épaules, le bras et la main d'arc doivent être sur le même plan horizontal.
— La main de corde remonte le long de la joue.
— Le nez écrase trop la corde.
— Le doigt sous l'encoche appuie vers le haut.
— Pendant l'action le point de pression se déplace vers le haut.
— Décoche pas assez dynamique, et en coup de poing vers le haut.
— L'épaule d'arc est trop haute.

L'apprentissage du tir à l'arc

Il est difficile d'apprendre à tirer à l'arc tout seul dans son jardin. Cela s'explique par la complexité des gestes à accomplir, leur enchaînement, et leur contrôle. C'est au début que l'on risque de prendre de mauvaises habitudes, notamment des positions du corps, de la tête, des bras, des mains. Il est donc préférable d'apprendre sous la conduite d'un instructeur qualifié, qui sait observer et rectifier les erreurs.

Cet apprentissage dure au minimum trois mois, à raison de trois leçons d'une heure par semaine. Cette assiduité est nécessaire pour que les muscles s'adaptent aux efforts à faire sans rupture et reprennent leurs places d'une séance à l'autre sans douleur. Il ne faut pas oublier qu'au tir à l'arc bien des muscles qui sont sollicités, n'ont pas l'habitude de travailler à d'autres moments.

Au fur et à mesure de l'assimilation de la méthode, l'archer débutant utilise des arcs plus lourds. Aussi est-il plus rationnel d'apprendre dans un club qui dispose généralement de séries complètes d'arcs de puissances progressives : 16, 20, 25, 30 et 34 livres anglaises, et de jeux de flèches de différentes longueurs.

L'archer débutant doit être conseillé toujours par le même instructeur, une grande confiance doit s'établir entre eux.

Les trois premières leçons se déroulent devant une butte de tir en paille ou en mousse plastique, sans cible, l'archer se tenant à trois mètres de distance. Le débutant apprend à se placer par rapport à la butte, et à se familiariser avec tous les gestes du tir à l'arc, dans un ordre méthodique : préhension de l'arc et de la corde, position des épaules, des bras, de la tête. Il utilise un arc de faible puissance, 16 livres suffisent, et qui comporte pour tout équipement, le repose-flèche, et un viseur très simple. A la fin de chaque leçon, il tire quelques flèches dans la paille.

Les deuxième, troisième et quatrième semaines, le débutant se place à cinq mètres de la butte sans cible. Il utilise un arc de 20 livres pour un homme, 16 livres pour une femme. Il reprend son instruction de base flèche par flèche. Si son assimilation des gestes est bonne, ses flèches doivent arriver groupées au même endroit de la butte.

Le deuxième mois, on augmente la puissance de l'arc à 25 livres pour un homme, 20 livres pour une femme. L'archer prend conscience de son allonge et choisit ses flèches en rapport. Il tire sur une cible à dix mètres. Sans compter les points, il recherche avant tout à grouper son tir le plus près possible du centre.

Le troisième mois, même progression de la puissance de l'arc, 30 livres pour un homme, 25 livres pour une femme. L'élève tire sur une cible à vingt mètres, puis à vingt-cinq mètres. L'instructeur compte les points. Dans une partie en 36 flèches, par volée de trois, lorsque le débutant aura atteint 250 points (sur 360), il pourra tirer à la distance de trente mètres.

Le quatrième mois, l'archer se perfectionne avec le même matériel, en tirant à vingt, vingt-cinq, trente mètres. Lorsqu'à chacune de ces distances, il réalise une moyenne de 250 points (sur 360, en 36 flèches), il peut augmenter la distance de tir de cinq mètres en cinq mètres, jusqu'à cinquante mètres. Pas au-delà.

Les mois suivants l'archer tire à trente mètres et à cinquante mètres et peut commencer à participer à des concours interclubs. Il doit cependant rester sous le contrôle permanent de son instructeur. Pendant toute cette première année d'initiation, il est recommandé au débutant de parfaire sa musculation par des exercices spécifiques en salle.

Ainsi une bonne préparation physique, et un apprentissage approfondi de la technique, permettent à l'archer d'aborder le tir aux longues distances dès la deuxième année de pratique.

Arc *Sagittarius* (Grande-Bretagne) combinaison du « longbow » traditionnel anglais et de l'arc droit des Indiens américains. L'âme des branches est en bois d'if ou en bambou, comme le préférait Howard Hill pour la chasse. La poignée en bois dur exotique recouverte de cuir, pour droitier ou gaucher. Une courte entaille au-dessus de la poignée permet le passage de la flèche au centre de l'arc. Nombreuses puissances au choix de 20 à 150 livres (9 kg à 68 kg). Le carquois en cuir, réplique de celui d'Howard Hill, peut contenir trois douzaines de flèches. Il se porte sur le dos à l'aide d'une sangle. Flèches en bois, plumes naturelles.

LE TIR D'INSTINCT

Le tir d'instinct que certains appellent « instinctif » est la forme la plus ancienne et la plus universelle du tir à l'arc. Le tir d'instinct est pratiqué avec quelques variantes à la chasse, mais il l'est également sur cible.

Ce qui caractérise le tir d'instinct, c'est l'emploi d'un arc nu équipé uniquement de la corde et parfois d'un repose-flèche. C'est l'arc ancestral des Indiens, comme des archers guerriers du Moyen Age. En tir d'instinct on utilise des grands arcs droits traditionnels, mais également des arcs modernes, pourvu qu'ils soient lourds, généralement au-dessus de 45 livres. L'archer doit donc posséder une bonne musculature et une condition physique capable de bander l'arc sans effort. Le poids de l'arc s'explique pour deux raisons : premièrement il s'agit d'obtenir la trajectoire la plus plate possible afin de diminuer l'angle de vue et la trajectoire de la flèche ; et deuxièmement il s'agit de propulser de lourdes flèches (6 à 8 grammes). Les flèches sont empennées de plumes longues (4 à 5 pouces), ce qui leur assure une meilleure stabilité en vol.

Jean-Marie Coche, facteur d'arc, s'exerçant avec un arc droit de sa fabrication.

Technique du tir d'instinct

Il y a deux positions possibles de tir :

a) L'arc est maintenu droit, l'archer aligne la pointe de sa flèche avec son œil dominant sur la cible, et plie le bras d'arc en conséquence.
b) L'arc est incliné sur le côté afin que l'archer puisse bien voir la cible.

Position du corps : l'archer se place, les hanches perpendiculaires à la cible, les pieds légèrement écartés (environ 60 cm), le poids du corps sur la jambe placée vers la cible. L'archer tient son arc à plat, horizontalement, dans la main gauche (pour un droitier), il prend sa flèche dans le carquois en la saisissant entre le pouce et l'index, à la base de l'encoche.

Armement de l'arc : l'archer garde les deux yeux ouverts pendant toutes les phases du tir, y compris la décoche. Il place la flèche sur l'arc, le fût au-dessus du repose-flèche, l'encoche de part et d'autre de la corde aux points de repère indiqués sur celle-ci. La main qui tient l'arc est en dessous du repose-flèche. L'archer redresse l'arc pour l'amener à la verticale.

Préhension de la corde : il y a deux méthodes de préhension de la corde en tir d'instinct.
a) Les trois doigts sont placés sous la flèche, l'index, le majeur, l'annulaire saisissent la corde au creux de la première phalange.
b) Les trois doigts sont placés sur la corde, l'index au-dessus de l'encoche de la flèche, le majeur et l'annulaire en dessous. C'est la prise « méditerranéenne ». La corde est tenue au creux de la première phalange, le pouce et l'auriculaire se touchent à l'intérieur de la main. Il faut faire attention à ne pas pincer l'encoche de la flèche.

Armement : il faut tirer la corde d'un mouvement sec, rapide, précis, en maintenant bien en ligne les épaules, l'avant-bras qui tire la corde, la flèche. A la fin de la tension, la flèche et le coude du bras de traction sont en ligne sur le même plan. Les omoplates sont rapprochées l'une de l'autre. Les deux yeux ouverts fixent toujours la cible pendant le mouvement. En exécutant ce mouvement le plus naturellement possible, on remarque que le bras gauche pousse l'arc en avant et vers le bas, tandis que la main droite en tendant la corde redresse l'arc vers le haut. Lorsque la main de corde rejoint le visage, l'arc est droit.

L'ancrage : selon les distances de tir, l'ancrage de la main de corde sur le visage est différent. Deux méthodes existent :

1) L'ancrage se fait le long de la joue entre l'œil et la mâchoire, selon la distance de la cible, et c'est dans cette appréciation que réside toute la difficulté. La corde et la pointe de la flèche servent simultanément de point de visée, il est essentiel que la hauteur du verrouillage soit absolument précise. Cette technique est utilisée par de nombreux archers avec d'excellents résultats en compétition.

2) Une autre technique consiste à choisir un point d'ancrage fixe, à la commissure des lèvres. Il s'agit alors d'évaluer la distance du tir à réaliser. Pour le tir à de longues distances au-delà de 30 mètres, l'arc est maintenu dans un plan vertical. Pour les courtes distances, 15 à 25 mètres, l'archer incline son arc jusqu'à 45 degrés. Pour les distances moyennes, 25, 20 mètres, il faut choisir une position intermédiaire. Dans tous les cas la tête suit l'inclinaison de l'arc, les deux yeux restent ouverts.

3) Une troisième méthode consiste à utiliser la cible et la zone immédiatement en dessous ou au-dessus comme « point de visée » pour aligner la pointe de flèche. Le point d'ancrage doit se situer sous l'œil pour que la ligne du regard de l'archer longe toute la flèche. Ce point d'ancrage doit être extrêmement ferme et constant. De nombreux archers qui adoptent cette technique, tirent avec les trois doigts en dessous de la flèche puisque ainsi leur regard peut suivre toute la longueur de la flèche et en levant la main ils peuvent bien la verrouiller sous la pommette. Certains archers estiment que ce style « trois doigts en dessous » permet une décoche plus facile et plus efficace que celle du style « méditerranéen ».

La respiration : pendant toute la phase d'armement, traction de la corde et l'ancrage, la respiration doit être contrôlée. L'inspiration est calme et profonde jusqu'au ventre, puis maintenue pendant la visée. L'expiration n'intervient qu'au moment de la décoche, et cela sans brutalité.

La visée et la décoche : lorsque l'ancrage est assuré, les deux yeux ouverts fixent toujours le centre de la cible. C'est alors que l'on voit l'arc plus ou moins flou ; c'est ce qu'on appelle « la double vision », ou « vision secondaire », qui permet d'aligner « instinctivement » le corps de la flèche dans l'axe du centre de la cible. Alors on peut décocher en ouvrant promptement les trois doigts en même temps, l'index, le majeur et l'annulaire se détendent vers l'avant. En une fraction de seconde, la flèche a pris son vol, l'archer reste en position, tête, épaules, bras, mains, alignés ; les yeux fixent toujours le but à atteindre. Précisons que dans cette méthode, aux distances courtes, la main d'arc sera vue en « vision secondaire » au-dessous de la cible. Aux longues distances, la main d'arc sera vue en « vision secondaire » au-dessus de la cible. Aux distances moyennes, selon la force de l'arc, la main d'arc en « vision secondaire » devra être située au niveau du centre de la cible.

Compte tenu de la puissance de l'arc, on doit trouver rapidement la correction de trajectoire à apporter dans chaque visée en fonction de la distance. Ne jamais oublier que le seul point de visée est le centre de la cible, et non la pointe de la flèche, l'alignement se faisant d'instinct.

Le tir d'instinct demande une très forte concentration cérébrale et une technique sûre. Car c'est instinctivement que le subconscient de l'archer donne le signal de la décoche à un moment donné de la traction de la corde, sans connaître consciemment la distance qui le sépare de la cible.

Efficacité du tir d'instinct : il y a une distance limite pour le bon tir d'instinct. Pour la plupart des tireurs elle se situe entre 45 mètres et 55 mètres, bien que certains arrivent à bien tirer à 75 mètres.

Une visée parfaite. Le regard suit le fût de la flèche jusqu'à la pointe et au-delà la cible qui se trouve à une distance moyenne (15 m). Les épaules sont bien en ligne.

Après la décoche, les bras et les épaules restent parfaitement en ligne, le regard ne quitte pas la cible.

Arc droit bois exotique, poignée recouverte de cuir, flèches en bois, plumes naturelles ; fabrication artisanale J.M. Coche.

— DEVENIR CHAMPION —

Réflexions sur le perfectionnement du tir

Après une année d'apprentissage et une participation régulière aux concours de tir en salle (18 m et 25 m), puis de tir en plein air (courtes distances 30 m et 50 m et longues, 90 m, 70 m, 60 m) un archer appliqué peut atteindre les 1 100 points, dans un F.I.T.A. (score maximum possible 1 440 points).

Ensuite les progrès sont plus lents, plus difficiles, voire décourageants.

Plusieurs facteurs entrent alors en lice. Le candidat aux hautes performances doit les mesurer. Pour ma part j'en distingue trois essentiels :

— le style ;
— la concentration ;
— la volonté.

Qu'est-ce que le style ? C'est cette petite chose qui devient considérable par rapport à une norme et qui fait la richesse, la qualité. C'est le plus qui vous rend particulier. C'est la pointe qui vous rend différent. Le style ce n'est pas la technique. Le tir à l'arc a de grands stylistes, qui sont champions du monde, champions olympiques ou peuvent le devenir. En examinant les séries de photos prises à la caméra électronique de chacun d'entre eux, on distingue le style des uns et des autres dans la précision des gestes. Comment l'ont-ils acquis ? Eux seuls détiennent la réponse. Certains ont tiré des centaines de flèches tous les jours, d'autres n'ont pas fait cet effort. Certains se préparent longtemps à l'avance, d'autres pas.

Qu'est-ce que la concentration ? C'est le pouvoir de s'abstraire, de se trouver face au problème à résoudre et de trouver seul toutes les solutions. En d'autres termes de réussir l'épreuve qui se présente à vous. Comment acquérir ce pouvoir qui pour certains reste mythique ? Là encore il n'y a pas de solution universelle. Certains aiment se mettre en position d'agressé, c'est-à-dire qu'ils créent volontairement des sources de distraction, pour s'obliger à se recueillir, à se concentrer en faisant le chemin inverse. Certains autres ont besoin du silence et d'un long isolement. Je connais des archers de très haut niveau qui s'entraînent dans une cacophonie qu'ils créent volontairement, j'en connais d'autres qui se mettent un casque avec des protège-oreilles. Qui a raison ? Je l'ignore.

Mme Ingo Simon, très élégante championne de tir à l'arc « longbow » en 1937.

Qu'est-ce que la volonté ? C'est ce qui nous permet d'être un autre plus grand que nous-même. Il n'y a pas que dans le sport que cette vertu devient capitale. Elle l'est toujours et dans le tir à l'arc, elle s'exerce à plusieurs niveaux. Je mettrais en premier la volonté de résistance. Pour être quelqu'un quelque part, il faut d'abord être soi-même dans sa totalité. « Deviens ce que tu es », cette maxime reste à retenir. Pour cela il faut assimiler ce qui vient de l'extérieur, sans être entamé dans sa nature profonde, il faut résister.

Vient ensuite la puissance de la volonté, et en troisième lieu la notion de durée. Puissance et durée vont ensemble, il faut en effet vouloir longtemps, quotidiennement, pour devenir un autre plus grand que soi.

Ces trois notions on les retrouve chez tous les grands tireurs à l'arc. J'ai dit que certains tiraient des bottes de flèches, d'autres pas ; que certains aimaient le bruit, d'autres pas. Mais on pourrait continuer à ce jeu longtemps... certains font de la gymnastique, d'autres pas ; certains tirent beaucoup et se préparent peu physiquement, d'autres font exactement le contraire. Bref, il n'y en a pas un qui se prépare comme le voisin.

Je ne distingue qu'un dénominateur commun, et il est important : c'est la connaissance du matériel. Le très grand champion quel qu'il soit est en parfaite adéquation avec son matériel. Il sait que ces beaux objets de victoire que sont l'arc et les flèches sont aussi perfectibles. Il leur porte toute son attention et son imagination.

Belle attitude de la Georgienne Nazarepze, athlète de haut niveau. Sur son visage, on peut lire la détermination et la concentration extrêmes indispensables à la réussite.

Vladimir Esheev, champion olympique et du monde, détenteur du record du monde FITA depuis 1990, avec 1 352 points. Une maîtrise parfaite des gestes répétés en pleine confiance.

Au tir en campagne, les tireurs avancent de cible en cible, par petits groupes, et tirent l'un après l'autre. La principale difficulté est d'apprécier les distances selon les changements d'éclairage et les dénivellations du terrain.

Compétition de tir indoor avec des arcs à poulies. Aux États-Unis, le championnat indoor de Las Vegas, doté de prix importants en dollars, réunit une fois par an des centaines d'archers venus de tout le pays.

Dans les années trente, Roger Beday et Paul Demare étaient champions de France, et champions du monde, avec des arcs longs et droits, en bois d'if d'une seule pièce, et des flèches en bois...

Les jeunes archers qui désirent devenir champions, participent avec sérieux à des compétitions importantes.

« Être en ligne » une nécessité pour un bon tir

Dans l'analyse des séquences du tir, on a vu qu'au moment où l'archer décide de décocher, il doit se trouver « in line », « en ligne », comme disent les Américains. Cela veut dire : la pointe du coude du bras qui tire la corde, doit être placée dans l'alignement de l'encoche, du tube, de la pointe de la flèche.

Cet alignement est vraiment souhaitable, cependant il y a très peu de tireurs à l'arc qui arrivent à cette perfection. Ceux qui approchent le plus de cette perfection ont un avantage très net dans les variations provoquées par la décoche, car elles seront moins « sévères » que pour ceux qui ont peut-être les mêmes variations, mais qui ne seront pas « en ligne ».

Les raisons de cet avantage sont simples. Comme le bras est rejeté en arrière de la corde au moment de la décoche, l'énergie libérée s'applique à la flèche. Lorsque l'énergie est appliquée à un point précis, elle se projette en droite ligne. Si les deux extrémités de la flèche et du coude sont en total alignement, comme le coude est propulsé « en ligne », l'énergie qu'il provoque va droit au tube, de l'encoche à la pointe, poussant la flèche en avant dans une harmonie parfaite avec l'effort physique. Si l'extrémité du coude n'est pas en ligne avec les deux autres repères, l'énergie sera appliquée et circulera avec un léger angle sur le trajet de la flèche.

Trois flèches identiques dans le centre de la cible : volée d'un archer de haut niveau, dans un championnat de tir olympique.

Plus le coude est en dehors du « en ligne », plus la différence de l'angle est grande. Maintenant si vous avez une légère variation dans votre décoche, il est évident que plus vous êtes « en ligne » pour votre tir, moins l'effet de la variation dans le trajet de la flèche vers son but sera grand.

Si la longueur de la partie supérieure du bras est trop grande par rapport à l'avant-bras, le coude ne peut pas suivre « en ligne » avec la flèche. Il faut alors arrêter la main à un point d'ancrage sur le visage ou le menton avant que le coude ne trouve sa place réelle.

Le changement d'ancrage sur le côté aidera à placer plus « en ligne », mais il y a encore d'autres problèmes à considérer si l'on adopte ce geste. Tendre trop loin pour parvenir à un meilleur « en ligne », peut être préjudiciable. Cependant le tireur à l'arc devra toujours se tendre lui-même vers ce point extrême du « trop loin ». Trop d'interférences de la corde dans la région du buste déjouent la volonté d'être « en ligne ». Les positions de la tête, du cou, du visage, du menton, des épaules, etc., sont autant de facteurs impliqués dans l'effort d'être vraiment « en ligne ».

Tous les bons tireurs ne sont pas toujours forcément « en ligne », mais si vous pouvez maîtriser cette faculté jusqu'à un certain degré pour l'adapter à votre style, vous pouvez gagner quelques points.

Rôles précis de la main d'arc et de la main de corde

Un arc tire dans un plan bien défini par la corde et le repose-flèche. C'est dans ce plan de corde que joue la flèche. L'archer cherchera par son geste précis à n'amener aucune perturbation dans ce jeu. Pour cela il faut examiner séparément le rôle de la main d'arc et celui de la main de corde.

La main d'arc, ne devant pas provoquer de rotation pendant le tir, doit être appuyée très généreusement sur toute la base du pouce et même un peu plus, bien écrasée, molle. Cette main est portée par un bras d'arc ferme, une épaule qu'il faut chercher à maintenir basse, sinon l'allonge diminue. Pour obtenir cette neutralité, il faut absolument éviter de préparer exactement sa main au moment où l'on saisit l'arc, avant de la dresser. Car le léger contact réglé en bas se déréglera en montant à la position de tir. Il faut au contraire saisir la poignée d'une main assurée dresser son arc, donner une petite tension de corde pour un appui déjà sensible et faire une petite rotation du bras en pronation, c'est-à-dire dans le sens paume en bas. Cela place automatiquement non seulement la main, mais aussi le coude et l'épaule, si difficiles à contrôler séparément. En un geste tout le bras d'arc est prêt.

Les problèmes de la main de corde sont beaucoup plus complexes, et entraînent une participation du corps entier dont l'aboutissement sera le passage aisé du « clicker ».

Commençons par la position. Le plein profil est à déconseiller. Il éloigne la main de corde de sa prise d'effort et augmente l'instabilité lorsqu'il y a du vent. De plus, l'immobilité du tronc donne souvent de fâcheux contacts corde-poitrine. Il est réellement plus logique et plus simple, sans jamais regarder vos pieds, de vous placer face au même arbre, au même objet, choisi à 30 degrés environ du pas de tir, dans une posture naturelle. Et la rotation du tronc, et des épaules que nécessitera l'armement sera une puissante aide motrice.

L'armement met en action les muscles du dos, qui tirent en arrière les omoplates. La quantité de muscles sollicités dépend du geste d'ancrage. Les champions arment très haut, puis amènent la main de corde assez haut sur le visage, et enfin ancrent en abaissant la main sous le côté du menton, tout en abaissant le coude au même niveau. C'est dans cet abaissement terminal que réside en partie le secret d'un bon placement « en ligne ». Pour y parvenir tout le rideau musculaire des omoplates est entré en action. Ce rideau est un vaste éventail tendu entre l'omoplate et toute la colonne vertébrale jusqu'en bas.

L'avantage de l'ancrage par le haut et à la verticale de l'œil est qu'il permet de tirer sur sa main de corde plus en ligne. Il faut tirer en ligne comme on l'a vu, pour propulser la corde dans son plan.

Une méthode de contrôle

Les gestes à accomplir pour un bon tir sont nombreux et variés, nous venons d'en examiner quelques-uns. Il est donc absolument nécessaire d'adopter une méthode de contrôle, sûre, qui donne confiance au tireur. La séquence du tir se décompose en une série d'actes conscients et inconscients qu'il s'agit de diriger, et dont les éléments sont : la position du corps en oblique, la main d'arc décontractée, le bras d'arc puissant, l'ancrage ferme, la visée précise, la décoche contrôlée.

Pour mettre au point votre méthode, commencez par une douzaine de points de contrôle. Une fois qu'ils ont été consciemment pratiqués, au point de devenir automatiques ou mécaniques, rayez-les de votre liste de contrôle, et laissez votre subconscient prendre la relève.

Avoir de petits détails de gestes à accomplir auxquels il faut penser pendant une compétition présente quelques avantages. Il n'y a rien de pire qu'un esprit vide. La seule façon d'empêcher que votre esprit ne soit envahi d'influences ou de contraintes perturbatrices pendant un tournoi, est de les remplacer par des pensées positives et constructives concernant votre action. La liste des points de contrôle vous y aide. Pendant que vous vous entraînez physiquement, entraînez-vous également à suivre un mode de pensée : à partir du moment où vous encochez la flèche, votre esprit doit suivre un courant de pensées qui doit devenir presque identique à chaque flèche.

Dans les tournois de haut niveau, les archers sont nombreux à s'équiper de longues vues pour vérifier les impacts des flèches tirées à longue distance.

Au début, cela demande une grande concentration. Plus tard, après une longue pratique, vous pouvez déclencher et arrêter le cours de votre pensée, en encochant et en décochant chaque flèche.

Ainsi se développent pendant l'entraînement, à la fois une forme de tir de base et un courant de pensée de base. Chaque archer doit mettre au point sa propre méthode parce qu'il se connaît le mieux. Mais vous pouvez au départ suivre une liste de contrôle calquée sur ce modèle :

a) Position

1) Position du corps oblique toujours identique.
2) Faire porter le poids du corps légèrement vers l'avant.
3) Verrouiller l'articulation des genoux.
4) Se tenir droit.
5) Respirer profondément.

b) Encocher

1) Placer les doigts sur la corde.
2) Sentir la corde sur les doigts.
3) Respirer profondément, lentement.

c) Main d'arc

1) Sensation de la position.
2) Arc en travers du pouce : paume en partie ouverte.
3) Sensation identique ; ne pas permettre de glissement.

La visée, instant décisif avant la décoche : tête droite, la corde passe par la pointe du nez, le milieu de la bouche, la main de corde est fortement appuyée sous le menton. Une attitude parfaite de Sébastien Flute (France), médaille d'or aux jeux Olympiques 1992 à Barcelone.

Richard Mac Kinney (États-Unis), trois fois champion du monde, médaille d'argent aux jeux Olympiques de 1984 à Los Angeles. Sa position est parfaite, tenue avec naturel, et régulièrement identique à chaque volée : secret de la réussite.

Concentration et volonté se lisent sur le visage de la jeune Coréenne Soo Nyung Kim, championne du monde et médaille d'argent au jeux Olympiques de 1992 à Barcelone.

d) Bras d'arc

1) Placer l'épaule basse.
2) Faire pivoter et verrouiller le coude, en haut ou en bas.
3) Inspirer et expirer lentement.
4) Tendre et accrocher d'un mouvement continu.
5) Se tenir droit ; ne pas revenir en arrière.
6) Arrêter la respiration.

e) Ancrage

1) Sensation de la position.
2) Alignement de la corde.
3) Vérification de la longueur de l'allonge.
4) Décontraction de la main de corde.
5) Resserrement, du dos, des épaules.
6) Visée intense. Décoche dès que prêt.

f) Après-décoche

1) Décoche (vérifier la position de la main de corde).
2) Main d'arc (chercher la tension ou tendance à la crispation).
3) Bras d'arc (position légèrement plus basse et arrière).
4) Œil (contrôle du fléchissement).
5) Décontraction complète du corps.
6) Révision de la liste de contrôle pour préparer le coup suivant.

A partir de ces données, rédigez votre propre liste de contrôle, et mettez-la en pratique toujours de la même façon jusqu'à ce qu'elle devienne une partie de vous-même. Cette méthode vous amènera à exécuter pour chaque flèche un mouvement doux et sans effort du début à la fin du tir. Mais ne laissez jamais votre action devenir trop automatique, et dominée par vos réflexes. Votre esprit conscient aurait alors la liberté de dériver.

Si vous pensez à autre chose, en effet, c'est le réultat final du tir qui en souffre. En compétition, si vous ne pouvez déceler immédiatement la cause de l'erreur du tir d'une flèche, vous perdez confiance. Par contre si vous avez perfectionné votre méthode de contrôle mental, vous détecterez immédiatement l'origine de votre défaillance. En appliquant une plus grande concentration, vous reviendrez dans la bonne voie. Les meilleurs tireurs ne font pas autrement.

Savoir utiliser le temps de tir

Les premières fois que vous assisterez, ou que vous participerez à une compétition de tir à l'arc en salle, ou en plein air, vous serez surpris de voir certains archers tirer leurs flèches très rapidement, et d'autres, au contraire, auront besoin de tout le temps réglementaire qui est de deux minutes trente, par volée de trois flèches.

Tirer vite, ou prendre son temps ? A vrai dire, là n'est pas le dilemme. La vraie question est de savoir répartir les 2,30 mn en deux périodes d'action et de repos, et de les répéter de manière identique à chaque volée.

On a remarqué que cette répartition est différente selon le nombre d'archers tirant sur la même cible. Les tableaux ci-dessous le démontrent.

Temps pour une volée dans une série FITA
Quatre archers par cible

Archers A et B — *Étapes*	*Temps*	*Archers C et D* — *Étapes*	*Temps*	*Temps cumulé*
Mise en position	*0'20''*	*Repos*	*2'35''*	*0'20''*
Ancrage, visée, tir	*2'15''*			*2'35''*
Retour à la ligne d'attente	*0'20''*	*Mise en position*	*0'20''*	*2'55''*
Repos	*2'15''*	*Ancrage, visée, tir*	*2'15''*	*5'10''*
(Marque des points aux courtes distances — 3 à 4 minutes)				
Mise en position	*0'20''*	*Retour à la ligne d'attente*	*0'20''*	*5'30''*
Ancrage, visée, tir	*2'15''*	*Repos*	*2'15''*	*7'40''*
Retour à la ligne d'attente	*0'20''*	*Mise en position*	*0'20''*	*8'05''*
Repos	*2'15''*	*Ancrage, visée, tir*	*2'15''*	*10'20''*
(Marque des points aux longues distances — 5 à 6 minutes)				

Tableau I

Temps pour une volée dans une série FITA
Trois archers par cible

Archer A		Archer B		Archer C		Temps cumulé
Étapes	Temps	Étapes	Temps	Étapes	Temps	
Position	0'20"	Repos	2'35"	Repos	5'10"	0'20"
Tir	2'15"					2'35"
Retour	0'20"	Position	0'20"			2'55"
Repos	4'50"	Tir	2'15"			5'10"
		Retour	0'20"	Position	0'20"	5'30"
		Repos*	4'50"	Tir	2'15"	7'45"
(Marque des points aux courtes distances — 3 à 4 minutes)						
Position	0'20"			Retour	0'20"	8'05"
Tir	2'15"			Repos	4'50"	10'20"
Retour	0'20"	Position	0'20"			10'40"
Repos	4'50"	Tir	2'15"			12'55"
		Retour	0'20"	Position	0'20"	13'15"
		Repos	2'15"	Tir	2'15"	15'30"
(Marque des points aux longues distances — 5 à 6 minutes)						

* Seulement 2'15" aux courtes distances

Tableau II

D'après les séquences détaillées dans ces tableaux, on peut constater que les rythmes de tir et de repos sont en eux-mêmes loin d'être simples. Leur régularité prévisible peut être utilisée astucieusement afin de contrer certaines tensions qui s'accumulent pendant un tournoi. Le temps qui est utilisé pour calculer son score et récupérer ses flèches est donné à titre d'exemple. Bien que théoriquement il faut le même temps pour tous les participants pour faire cela, en pratique il semble que certains soient plus rapides que d'autres tellement absorbés dans leurs conversations qu'ils doivent être houspillés par le directeur de tir.

Généralement le temps de marque des scores est de 5 à 6 minutes pour une volée de six flèches, (longues distances) et de 3 à 4 minutes pour une volée de trois flèches (courtes distances).

Les 2 minutes 15 passées sur la ligne de tir sont un temps représentatif pour un tir chronométré de trois flèches. Ce délai est fondé sur l'expérience de nombreux tournois F.I.T.A. Des écarts dépendront essentiellement de deux facteurs : les conditions atmosphériques et les tempéraments différents des archers concurrents.

Pour l'archer désireux de tirer dans des manifestations amicales, le tableau I fournira un bon guide qui devrait l'aider à organiser sa routine personnelle afin de réduire la tension. Cependant lorsqu'il se met à viser des compétitions internationales majeures, il ne doit pas se limiter à ce rythme, mais aura besoin d'établir des routines fondées sur le tableau II, au cours de son entraînement. Il est fort possible qu'il trouve ce changement de rythme difficile.

Pour la plupart des archers qui fréquentent les concours, le temps de tir d'une flèche, à partir du moment où le tireur sort celle-ci du carquois jusqu'au moment où il sort la suivante, est de 30 à 40 secondes dans des conditions atmosphériques normales, soit une minute et demi à deux minutes pour les trois flèches.

Ceci laisse entre trente secondes et une minute pour des cas imprévus, avant que le temps officiel ne soit écoulé. Par exemple, la nécessité de bien prendre son équilibre dans un vent changeant, ou lorsqu'on se rend compte qu'à pleine traction quelque chose ne va pas et qu'on est obligé de « revenir », reprendre sa respiration, retrouver son calme, et recommencer toute la procédure du tir. De telles nécessités sont prévues dans les deux minutes trente prescrites par le règlement F.I.T.A., et il s'agit d'un temps maximum et non pas d'une norme de tir.

En conséquence, voici quelques conseils à suivre :

1) L'archer doit savoir profiter du temps pendant lequel il ne tire pas

Ceci est important, car il s'agit de saisir l'occasion pour se décontracter et diminuer les tensions de la compétition, qui s'accumulent. Même s'il doit assurer sa marque, l'archer devrait compléter et vérifier ses totaux pendant ses moments libres, plutôt que de le faire au dernier instant. Quand il tire, s'il a des réglages essentiels, ou des réparations à faire à son matériel, il devrait s'organiser pour le faire tranquillement, sans se bousculer, pendant les repos.

2) L'archer devrait surveiller la cadence de son tir, afin de disposer de suffisamment de temps pour faire face à une situation imprévue

Le tir exige que l'archer se maîtrise et qu'il maîtrise son arc, afin de pouvoir varier ses actions en fonction de son environnement. Le rythme doit rester souple. Il ne s'agit pas d'une répétition mécanique et monotone.

3) L'archer devrait regarder sa performance d'un œil critique

Il devrait être conscient du temps moyen qu'il lui faut pour tirer une flèche, cela à titre de baromètre seulement. Si sa moyenne est bien en dessous de 25 secondes, il est presque certain qu'il est en train de prendre des raccourcis quelque part dans le déroulement des actes propres au tir. S'il dépasse très nettement les 45 secondes, il ne se permet qu'une toute petite marge d'erreur. S'il est si fort que cela, il n'a probablement pas besoin de ces conseils !

4) L'archer devrait être conscient du déroulement de ses actes et de sa cadence, par rapport au contexte, notamment le type de compétition dans lequel il se trouve

Si le tireur est capable de s'adapter naturellement à la compétition, il est évident qu'il maîtrise la situation, et, par conséquent, conforte sa propre confiance et augmente ses chances de réussite. S'il persiste à avoir besoin de ses deux minutes trente lors d'un tournoi de tir en campagne, où presque tout le monde ne tire que pour s'amuser, il se fera remarquer, rendra les autres mal à l'aise et sera frustré lui-même. Par contre, s'il se presse inutilement là où il détient une marge plus que suffisante, il gâchera inévitablement quelques flèches par laisser-aller et réduira nettement ses chances de gagner un prix, ou de rentrer chez lui, enrichi de la satisfaction d'avoir bien tiré.

Ceci dit, revenons au rythme d'entraînement. Ici l'archer doit développer son sens du temps utile, et mettre au point un rythme fondamental et personnel, grâce auquel il pourra s'adapter à différentes circonstances. En ce qui concerne la compétition sérieuse du tir sur cible, la série F.I.T.A., tirée deux par deux, telle que définie dans le tableau I page 137, fournira la meilleure base de travail.

Entraînement de l'archer de haut niveau

Dès que le tireur à l'arc ambitionne de remporter des titres, il doit envisager un entraînement spécifique. Au-delà de la technique de base qu'il a assimilée, il lui faut trouver son rythme, sa méthode, son style personnel. Pour y parvenir, quelques principes essentiels sont à respecter.

Canaliser la pensée

Au fur et à mesure du déroulement de la séquence de tir, penser à une seule chose à la fois est une règle fondamentale. La dispersion des pensées amène la dispersion des flèches. Il faut faire un choix : ou vous pensez à la visée, ou vous pensez à la décoche ; jamais aux deux à la fois. Il est préférable de placer et de maintenir le point de visée, et de ne penser qu'à cela. La décoche suivra naturellement.

Pendant une compétition, on peut s'entraîner à se concentrer uniquement sur la visée. Il faut accepter alors d'avoir une action inconsciente pendant la concentration sur la visée, et cela jusqu'à ce que la flèche soit partie. Le geste doit être naturel et presque automatique. Le bon tir dépend de l'exactitude et de la régularité des gestes. Pour y arriver, entraînez-vous sur une cible en paille sans blason. L'important est de grouper les flèches et qu'elles se plantent bien dans la paille. Le travail sur la cible nue permet une concentration maximum sur le geste.

Temps d'exécution du tir

L'archer de compétition doit bien distinguer les quatre phases du tir :

l'organisation ;

l'analyse ;

l'acceptation ;

l'exécution.

a) L'organisation est la phase première qui conditionne l'ensemble : armement, ancrage, alignement. Tous vos gestes doivent être précis, coulés.

b) L'analyse prend trois à quatre secondes en moyenne. Mentalement vous vérifiez que tous vos gestes précédents sont justes. Vous conservez cet acquis.

c) L'acceptation découle de l'analyse. Vous décidez de continuer votre action, vous commencez à viser, votre pensée est positive. Si vous doutez, vous décidez de revenir. Les différences de comportement à ce stade du tir marquent souvent l'écart entre un tireur de haut niveau qui ne doute pas, et un tireur moyen qui hésite.

d) L'exécution. Vous vous concentrez sur la visée et votre pensée anticipe la continuation du geste qui aboutit à la décoche.

Les réflexes

Pour obtenir un tir groupé, le tireur effectue un nombre d'actions combinées entre elles qui va de la saisie de la flèche dans le carquois au lâcher de la corde. Certaines actions sont volontaires, d'autres sont des réflexes.

Les réflexes peuvent être spontanés, dus à la surprise. Par exemple, un bruit de klaxon, des réactions de l'arc lui-même, un choc de la corde, provoqueront chez un archer débutant un réflexe non conditionné, néfaste à son tir.

En conséquence un archer doit s'exercer à contrôler ses réflexes et à les conditionner pour mieux les utiliser. Le bon apprentissage des attitudes : position du corps, placement des mains, des épaules, mouvement de l'armement par le haut, est capital, car chacun de ces gestes une fois enregistrés deviennent réflexes et sont difficiles à modifier.

Un des réflexes conditionnés du tir à l'arc le plus important est celui qui commande le départ de la corde. La corde ne doit pas quitter les doigts à la suite d'un acte volontaire et indépendant. Elle doit échapper à la fin de la séquence du tir, lorsque les muscles du dos ont tiré le bras tellement en arrière que les doigts ne peuvent plus la retenir.

Cependant, le lâcher de la corde répond à trois types de réflexes conditionnés. A l'archer de choisir.

Le réflexe le plus couramment adopté est d'origine sonore. Dès que l'archer entend le bruit de son contrôleur d'allonge, il ouvre les doigts, libérant la corde. Lorsque la pointe de la flèche franchit le contrôleur d'allonge, le tireur est effectivement à son allonge maximum. Cette assurance lui suffit pour décocher.

Un autre réflexe entraînant la décoche est d'origine visuelle. L'image de la visée que l'on croit parfaite déclenche le lâcher de la corde. Ce réflexe est rarement sûr.

Le réflexe d'origine musculaire est certainement le meilleur, mais il est difficile à conditionner. Lorsque les muscles du dos sont parvenus à un certain point de contraction, ils provoquent la nécessité d'ouvrir les doigts, donc de lâcher la corde. La difficulté réside dans le conditionnement de ce réflexe interne de manière à ce qu'il se produise au moment opportun de la pleine allonge et de la visée parfaite. Essayez à l'entraînement sur une cible en paille, vous y parviendrez, mais en compétition il vous faudra du temps pour y arriver. Si vous pouvez maîtriser ce réflexe vous ferez des progrès considérables et durables.

Poussée et traction

Le tireur en pleine allonge, stabilisé, se concentre sur la visée. Il doit oublier ses bras, car c'est la contraction des muscles du dos qui amènera le déclenchement de la libération de la corde. Certains entraîneurs comme Len Cardinale, que j'ai rencontré aux États-Unis, comparent les muscles du dos à un moteur, les bras à des arbres de transmission.

Le groupe des muscles du dos est constitué de muscles plats et forts, neuf au total, il est donc facile de développer un réflexe conditionné dans cette région.

Le bras, de l'épaule à la main comprise, ne comprend pas moins de quarante-sept muscles, ce qui rend cette région difficile à travailler.

La contraction des muscles du dos occasionne soit une poussée vers le bras d'arc, soit une traction du bras de corde, soit les deux à la fois. En vous exerçant, vous déterminerez assez rapidement quel type de contraction vous procure la meilleure sensation. Une fois ce choix fait, ne changez pas.

Ancrage à deux points

Chaque élément de la position, pieds, hanches, épaules, main d'arc, doigts de corde, participe aux ancrages.

On en distingue deux : le point du viseur superposé sur le centre jaune de la cible, est le point d'ancrage avant.

Le point d'ancrage de la corde sur le menton et le nez est le point d'ancrage arrière. Les deux sont liés.

Le point d'ancrage avant doit être obtenu d'un seul mouvement lors de l'armement. Si le tireur doit effectuer un geste supplémentaire pour ajuster sa visée, il se fatigue inutilement. Il faut maintenir l'ancrage avant, le temps de fixer l'ancrage arrière. La corde doit être placée toujours au même endroit et son contact doit avoir lieu toujours avec les mêmes points sur le visage.

Le contrôleur d'allonge

Quatre-vingt-dix-neuf pour cent des tireurs utilisent un contrôleur d'allonge appelé en anglais « clicker ». Sans ce petit appareil ils seraient perdus. Pourtant il faut savoir en profiter sans en être esclave.

De nombreux tireurs contrôlent leur allonge en regardant venir la pointe de la flèche vers le clicker, le regard est ensuite porté sur le viseur. Il faut absolument abandonner cette méthode qui est préjudiciable aux groupements des flèches.

Si toutes les positions sont parfaitement respectées, la longueur de l'allonge est identique à chaque flèche. L'allonge est contrôlable par une position constante. Le viseur placé sur le centre jaune doit y rester, grâce au soutien d'un bras d'arc ferme.

La visée

Toute la concentration du tireur est au service d'une seule pensée, maintenir l'alignement de sa ligne de visée au centre du cercle. Ceci depuis la prise de décision jusqu'au geste final et encore mieux au-delà de l'impact de la flèche sur la cible. Mentalement le tireur est sur une ligne droite qui va du point de son viseur jusqu'au centre de la cible. Il ne doit pas sortir de cet axe. La flèche suivra.

La tension des concours rend très vulnérable la rencontre des deux points en mouvement : viseur à placer sur le centre de la cible. L'effort demandé au tireur augmente sa tension mentale et débouche sur le trac.

Si au départ, vous placez le viseur hors du centre, vous serez particulièrement vulnérable en compétition, car il vous fera faire un effort supplémentaire pour ajuster le viseur. Au contraire, en plaçant directement votre viseur sur le centre, vous pourrez mieux vous concentrer sur le déclenchement des contractions du dos qui amèneront la décoche. Vous résisterez mieux également aux agressions extérieures, vent, bruit.

Réflexions sur la compétition

La compétition est génératrice de conditions particulières que le tireur à l'arc doit obligatoirement surmonter. Dans cette ambiance, l'archer doit obtenir un maximum de concentration et oublier les agressions dont il peut être l'objet.

Pour y parvenir il est très important de respecter l'ordre des différentes actions dans les deux parties du tir : armement/visée — contraction musculaire/décoche.

Une fois le processus de contraction musculaire du dos entamé, il n'y a plus de retour possible, la flèche partira.

Le champion est sûr de lui, confiant et agressif. Il sait se concentrer sur les points essentiels. Son seul ennemi c'est la force du vent, variable, imprévisible, incontrôlable. Ne pas y penser... La seule pensée active doit être encore et toujours de maintenir le viseur sur le centre jaune de la cible, à chacune des flèches, jusqu'à la dernière du concours.

Dernier conseil : pour chaque flèche pensez à exécuter un tir parfait, sans vous préoccuper du résultat de la précédente.

Quel que soit le nombre de volées du concours, dites-vous bien que chaque flèche tirée est « unique », qu'elle mérite donc tous vos soins.

Le tir à l'arc est un sport pratiqué avec succès par certains handicapés physiques, qui atteignent dans cette discipline de hautes performances et se mesurent aux archers valides dans les grandes compétitions.

LA CHASSE A L'ARC

L'histoire de la chasse à l'arc se confond avec l'histoire de l'humanité. Sur tous les continents les archéologues ont retrouvé les traces de cette activité longtemps vitale pour l'homme. Gravures, peintures, fresques, sont imprimées à jamais sur des rochers, des voûtes, les parois des grottes. De nombreuses pointes de flèches en os, silex, ivoire et autres matériaux, quelques rares arcs fossilisés ont fait l'objet d'études sur la vie des premiers hommes.

Certaines coutumes ancestrales de chasse à l'arc subsistent de nos jours en Amazonie, Afrique du Sud, Océanie ou Asie. Dans ces peuplades archaïques, les chasseurs fabriquent leurs arcs et leurs flèches eux-mêmes en fonction des matériaux mis à leur disposition par la nature environnante. Les caractéristiques des arcs, hauteur, épaisseur, diffèrent également suivant la morphologie des chasseurs, le milieu où ils évoluent.

La chasse à l'arc que pratiquent les occidentaux a plusieurs origines. En Europe elle prend racine au Moyen Age, époque où les paysans comme les guerriers possédaient leur arc. En Amérique du Nord, la chasse à l'arc fait partie de l'héritage indien de ce pays. Des historiens ont raconté la rencontre du dernier Indien sauvage de Californie, Ishi, avec le monde des blancs, et comment il enseigna au docteur Saxton Pope à fabriquer des arcs et des flèches, et à chasser à l'arc. Cela se passait en 1911. L'arc fabriqué par Ishi était en genévrier renforcé par des tendons de cerf. Il mesurait 106 cm de haut seulement et son poids de traction était de 20,4 kg. Avec cet arc Ishi envoyait ses flèches à 183 mètres. Saxon Pope se passionna pour la chasse à l'arc et ouvrit la voie sur laquelle s'engagèrent les grands chasseurs américains, Arthur Young, Compton, Howard Hill, Fred Bear et tant d'autres.

Ces pionniers ont su établir des règles d'honneur de la chasse à l'arc afin de la faire reconnaître par les autorités et obtenir des territoires réservés. Aujourd'hui plus de deux millions d'Américains chassent à l'arc. Leurs palmarès impressionnants sont répertoriés depuis le début des années 20, au « Pope and Young Records Committee » : ours, buffles, mouflons, élans, cerfs, daims sont tombés sous l'effet d'une pointe de flèche acérée, mais aussi des éléphants d'Afrique, des lions, des léopards, des tigres. Dans son musée personnel à Grayling, au Michigan, Fred Bear expose les plus beaux de ses trophées, un ours polaire, un ours brun de 400 kg, et des dizaines d'autres animaux glorieux souvenirs de quarante ans de chasse à l'arc.

Une belle prise : un grand élan abattu d'une seule flèche... (U.S.A.).

Pour réaliser ces exploits les chasseurs à l'arc américains ont sans cesse amélioré leur matériel, qu'ils fabriquaient eux-mêmes. Howard Hill utilisait un arc droit, de type « long bow » très puissant jusqu'à 100 lbs (livres anglaises). En 1950 Howard Hill fut le premier chasseur blanc à tuer un éléphant d'Afrique avec un arc de ce type et une seule flèche.

D'autres chasseurs comme Fred Bear innovèrent en creusant une « fenêtre » au centre de leur arc pour faciliter le passage de la flèche... De proche en proche les arcs de chasse s'améliorent pour devenir plus efficaces tout en étant moins lourds.

Dans les années cinquante, Fred Bear chassait les grands fauves en Afrique avec l'arc *Grizzly* qu'il avait lui-même dessiné et fabriqué.

La chasse à l'arc en France

C'est avec prudence que la chasse à l'arc se développe en France. Quelques fervents de ce sport ont créé en 1969 l'Association Sportive des Chasseurs à l'Arc. Leur but est de fixer les bases d'une éthique de la chasse à l'arc, et obtenir une reconnaissance de leur existence par les pouvoirs publics. Car pour l'instant, aucune réglementation ne codifie la chasse à l'arc. Sa légalité même n'est pas certaine. Cependant, chaque année des chasses à l'arc sont menées dans quelques propriétés privées, et des sangliers, des chevreuils, des cerfs, périssent d'une flèche en plein cœur.

La loi générale qui régit la chasse actuellement date de 1844. Elle ne prévoit rien en ce qui concerne la chasse à l'arc. A l'époque personne ne chassait plus à l'arc en France. Le législateur n'envisage que la possibilité de « la chasse à tir ». Il s'agit donc de savoir si la chasse à tir avec d'autres armes que les armes à feu est licite. Il ne semble pas que la chasse à l'arc ait fait l'objet d'une jurisprudence abondante, mais on peut relever que des jugements ont condamné une telle action comme chasse par moyen prohibé et prononcé en conséquence la saisie de l'arme. Ceci rejoint la doctrine admise jusqu'ici et selon laquelle l'arc est une arme prohibée.

Comment chasser à l'arc

La chasse à l'arc requiert les qualités du fin chasseur, une profonde connaissance des animaux et du milieu dans lequel ils vivent, des techniques de la chasse en général et de la technique particulière du tir à l'arc. Il est évident qu'un chasseur aux armes à feu deviendra plus facilement et plus rapidement un chasseur à l'arc, qu'un tireur à l'arc sur cible ne pourra devenir un chasseur à l'arc, s'il n'acquiert d'abord une connaissance suffisante de la nature.

Deux méthodes de chasse sont généralement employées selon le type d'animaux recherchés, l'approche pour le petit et moyen gibier, l'affût pour le gros gibier. Dans tous les cas il faut savoir reconnaître le gibier que l'on poursuit à ses traces, ses fumées, à son milieu naturel. La chasse à l'arc est très sportive tant physiquement que mentalement. On ne tire pas sans être certain de tuer, ce qui implique une approche très précise. Il faut donc savoir se camoufler, utiliser tous les aspects du terrain à son profit, se déplacer silencieusement dans les fourrés, avoir une tenue de chasse qui se confonde dans le paysage et un arc également peint de teintes vertes et brunes assez neutres, toujours mates. On ne blesse pas un animal, et si par malheur cela arrive, on arrête la chasse pour se mettre à sa recherche, avec un chien de sang, si possible. En règle générale, les animaux chassés correctement à l'arc meurent immédiatement sur place ou bien ne parcourent pas plus d'une centaine de mètres.

Pour atteindre cette précision, il faut :

— évaluer la vitesse de l'animal, qui marche,
— évaluer la distance qui sépare le chasseur de l'animal,
— évaluer la vitesse de la flèche, selon la puissance de l'arc utilisé,
— connaître la morphologie de l'animal en présence pour tuer à coup sûr ; on doit atteindre un organe vital, cœur, poumon, foie, artère fémorale, carotide, etc.

L'approche conditionne donc la réussite du tir. Un bon chasseur peut envoyer sa flèche dans un disque de 30 cm de diamètre à 20 mètre de distance. S'il peut approcher plus près, il augmente sa chance, ce qui est capital, à la chasse à l'arc on ne peut tirer qu'une flèche, on n'a jamais le temps de doubler le coup comme avec un fusil ou une carabine. La vitesse de la flèche est bien inférieure à celle d'une balle (50 à 60 mètres à la seconde seulement) et la flèche vibre dans l'air, aussi le chevreuil ou le sanglier visé a tout le temps de l'entendre arriver, et de s'enfuir. Il faut être près, « près à toucher la bête », pour décocher à coup sûr. De 10 à 20 mètres est considéré comme une bonne distance, 25 mètres, comme un tir à longue portée.

Pour décocher rapidement, le chasseur vise en alignant la pointe de sa flèche sur la cible.

La préparation physique

Avant de se lancer sur les traces d'un quelconque gibier, le chasseur à l'arc doit avoir une préparation physique minimum. Indépendamment du fait qu'il doit pouvoir bander un arc d'un poids de traction de 50 à 55 lbs (23 à 25 kg), il doit acquérir une rapidité et une efficacité de tir de manière à tirer à coup sûr, au moment le plus imprévu. Pour l'apprentissage, il faut choisir un arc faible, de 30 lbs (14 kg) par exemple, et des flèches ordinaires pour cible. L'important est en effet d'apprendre à bander son arc et à placer la main qui tire la corde en position dite « d'accrochage » sous la pommette. Ce geste doit devenir automatique et rapide afin de retrouver instinctivement toujours la même position.

Sur une cible placée à 20 mètres, on doit grouper ses flèches dans un cercle de 30 centimètres de diamètre. Pour s'habituer aux situations rencontrées à la chasse, on tirera non seulement de face, mais aussi à genoux, ou debout sur un banc, une souche, de manière à surplomber la cible. On peut également tirer en marchant perpendiculairement à la cible. Enfin, il est également nécessaire de s'entraîner à tirer sur une cible en mouvement, un ballon par exemple, lancé d'un coup de pied.

Le chasseur à l'arc peut également fréquenter un club sportif qui dispose d'un parcours d'initiation à la chasse. Il en existe quelques-uns en France.

Le matériel de chasse à l'arc

L'arc de chasse diffère sensiblement de celui du tir sur cible. Il doit être facilement maniable, peu encombrant, c'est la raison pour laquelle il est plus court, il mesure moins de 1,50 mètre. Il est puissant afin de propulser la flèche très rapidement et suivant une trajectoire la plus plate possible. Toutefois cette puissance de poussée ne doit pas être trop importante comme certains le croient, car si l'effort de traction de la corde est trop grand, ce sera toujours au détriment de la précision, de la rapidité, donc en définitive de l'efficacité. Les spécialistes recommandent l'emploi d'un arc de 45 à 50 lbs (20 à 22 kg) pour les chevreuils, daims, cerfs, petites antilopes, un arc de 50 à 55 lbs (22 à 25 kg) et même 60 lbs (27 kg) pour les ours bruns, les élans, les sangliers. Pour les grands ours noirs, le tigre d'Asie, le lion, l'éléphant d'Afrique, les grandes antilopes, il est préférable d'utiliser un arc de 65 lbs (30 kg) au moins.

Le chasseur a le choix entre quatre catégories d'arcs de chasse :

1) L'arc monobloc à double courbure

L'arc d'une seule pièce en bois dur, avec des branches laminées en bois et fibre de verre, de 58 pouces de hauteur (1,47 m) est un arc classique à double courbure. Il comporte une courte fenêtre pour le passage de la flèche. L'un des premiers modèles de ce type, le Grizzly, dessiné et fabriqué par Fred Bear en 1949, était l'arc de prédilection de ce grand chasseur. Il est encore fabriqué et apprécié aujourd'hui.

Les arcs monoblocs existent dans toutes les puissances de 30 à 70 lbs, échelonnées de 5 lbs en 5 lbs. Lorsqu'on choisit un arc de ce type, il faut être certain de la force de traction que l'on peut réaliser facilement et constamment.

L'arc *Grizzly*, d'une seule pièce, à double courbure. Dessiné par Fred Bear en 1949, il est resté pendant vingt ans l'arc de chasse le plus populaire aux États-Unis.

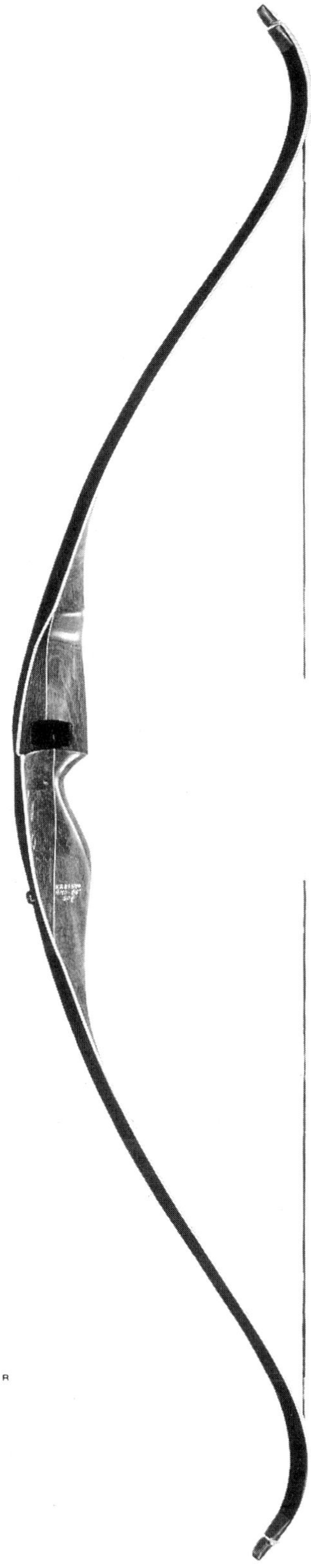

Bear Grizzly

2) L'arc démontable

La gamme des arcs de chasse démontables est très vaste. Ces arcs sont composés d'un corps en bois ou plus souvent en métal léger, alliage de magnésium par exemple, et de branches laminées en bois et fibre de verre. Ces arcs sont également courts, 1,50 m de hauteur maximum. Ils ont l'avantage de permettre au chasseur de posséder plusieurs jeux de branches de différentes puissances, adaptables sur un seul et même corps. Les puissances des branches sont échelonnées de 5 lbs en 5 lbs de 20 lbs jusqu'à 60 lbs et plus, selon les marques.

3) L'arc « compound »

L'arc « compound » a totalement renouvelé, modifié la technique de la chasse à l'arc. Grâce à son système de rappel de câble par les poulies ou les cames, cet arc propulse la flèche une fois et demi à deux fois plus rapidement qu'un arc à branches courbes pour une traction égale. Ainsi, il est plus facile à tirer, même s'il est puissant.

Le poids maximum de la traction se produit à peu près aux deux tiers de la tension, alors que l'arc est en pleine tension réelle. La réduction de l'effort de traction du tireur est de l'ordre de 18, 25 ou 50 %. Ce qui signifie que l'on peut maintenir la flèche à pleine tension beaucoup plus longtemps sans se fatiguer.

Le chasseur dispose ainsi de plus de temps pour viser et attendre que l'animal repéré vienne se placer dans le meilleur axe possible pour le tirer.

Comment déterminer la puissance réelle de votre arc « compound ».

La puissance réelle de votre arc est la puissance de tension de votre arc quand vous êtes en pleine extension.

Un arc compound atteint son maximum avant que vous n'atteigniez la tension totale à 20 ou 50 %, de celle-ci, cela dépend de la forme de l'arc.

La puissance réduite en pleine tension s'appelle « la puissance de retenue ». La méthode la plus exacte pour déterminer la puissance maximum et la puissance de retenue est de faire des essais dans un endroit où il y a un matériel de mesure adéquat. Mais il y a une méthode pragmatique considérée comme valable, qui consiste à faire l'addition de la puissance maximum et de la puissance de retenue et diviser par deux.

Exemple :

La puissance maximum de votre arc compound est de 60 livres (27 kg).

La puissance de retenue de cet arc compound est de 30 livres (14 kg).

Donc : 60 + 30 = 90 : 2 = 45. On peut considérer que la puissance réelle de votre arc compound est de 45 livres (20,5 kg).

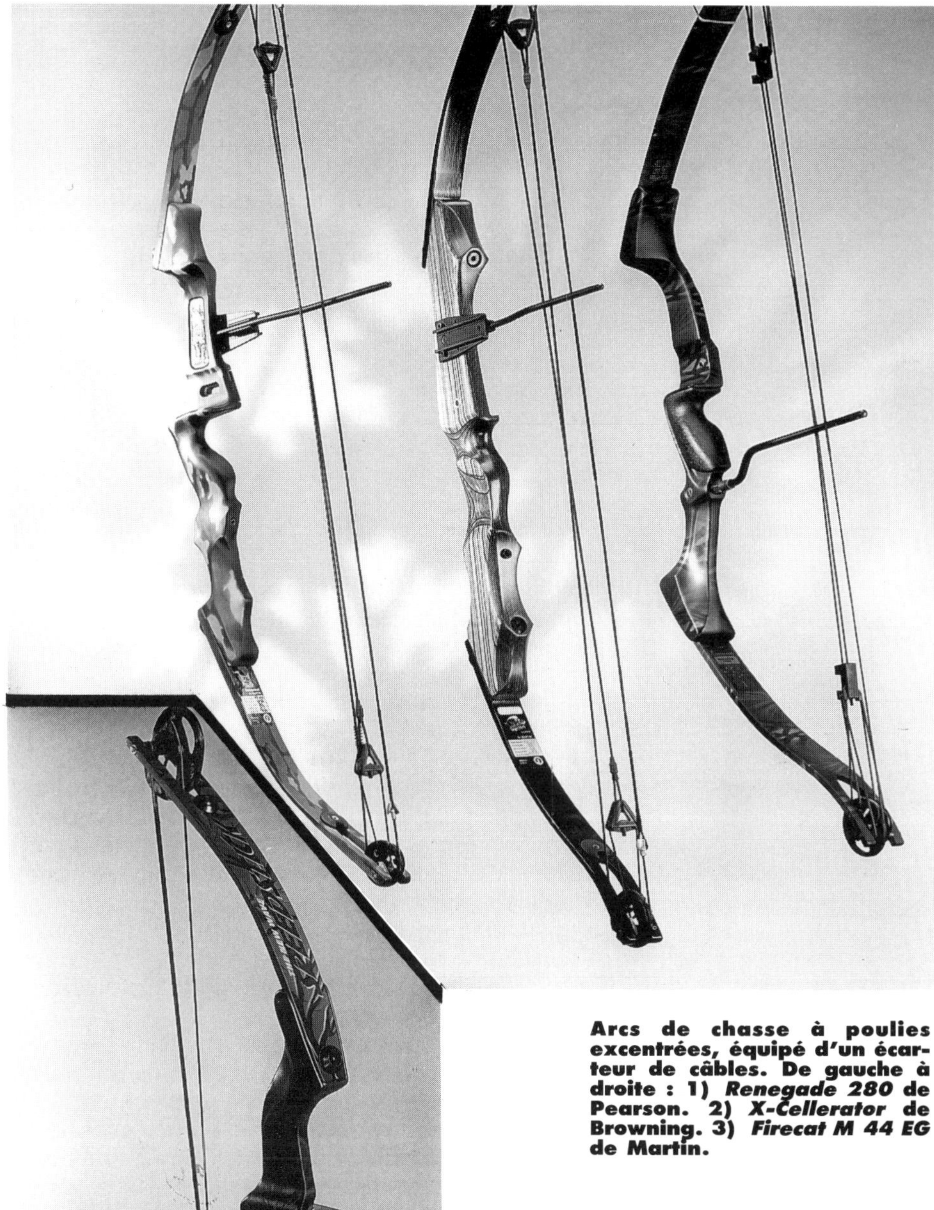

Arcs de chasse à poulies excentrées, équipé d'un écarteur de câbles. De gauche à droite : 1) *Renegade 280* de Pearson. 2) *X-Cellerator* de Browning. 3) *Firecat M 44 EG* de Martin.

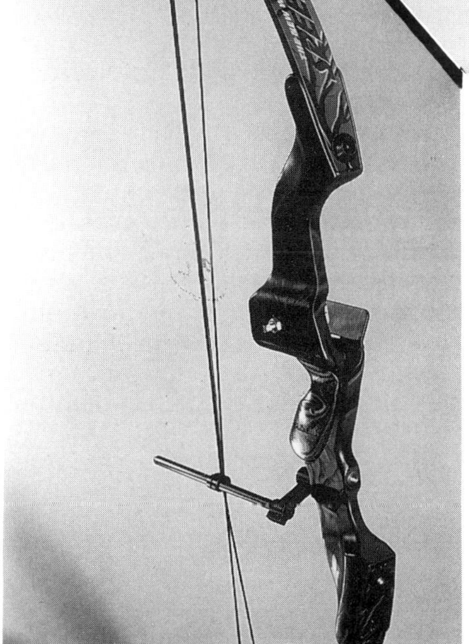

***Speedstick*, arc de chasse à poulies, construit par Pro Line (U.S.A.). Poulies modulaires permettant d'emmagasiner plus d'énergie pour une propulsion plus rapide et une meilleure pénétration de la flèche. Hauteur 39 pouces (99 cm) d'un axe de poulie à l'autre. Puissances 35 à 80 lbs réglables par fractions de 15 lbs.**

Arcs de chasse à double courbure, en bois et fibre de verre. De gauche à droite : 1) SKB hauteur 50 pouces, d'une forme ondulatoire originale. 2) Mamba, 58 pouces. 3) Bighorn, 58 et 60 pouces. Harfield, 62 pouces.

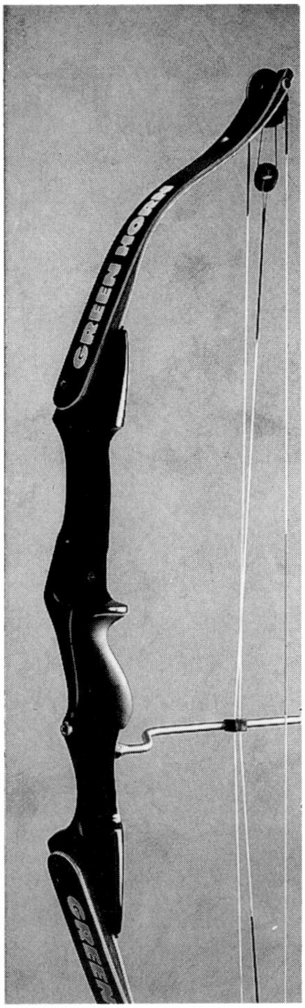

Arc de chasse « compound » Green Horn, modèle *Tornado Hunter*. Hauteur 44 pouces d'une poulie à l'autre. Poignée en magnésium, branches laminées bois et fibre de verre ou carbone. Écarteur de câbles. Coloris camo gris/brun.

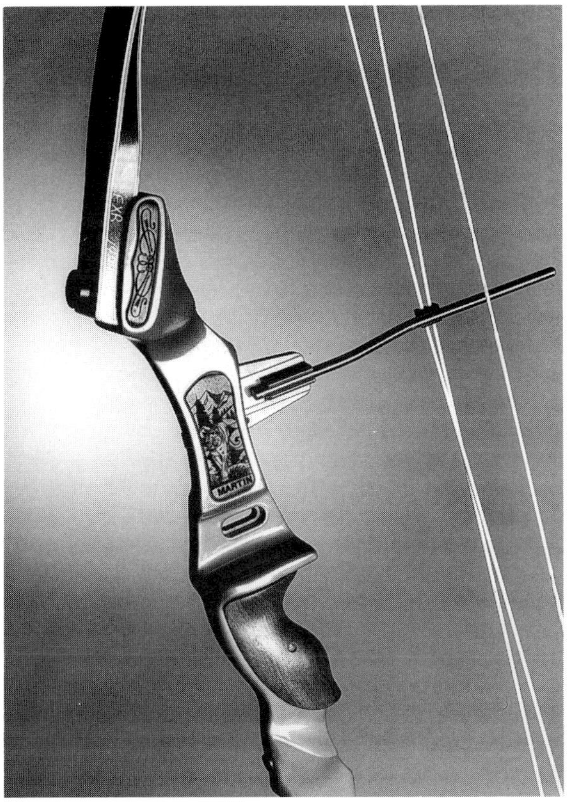

Arc de chasse à poulies, équipé d'un écarteur de câbles. Martin.

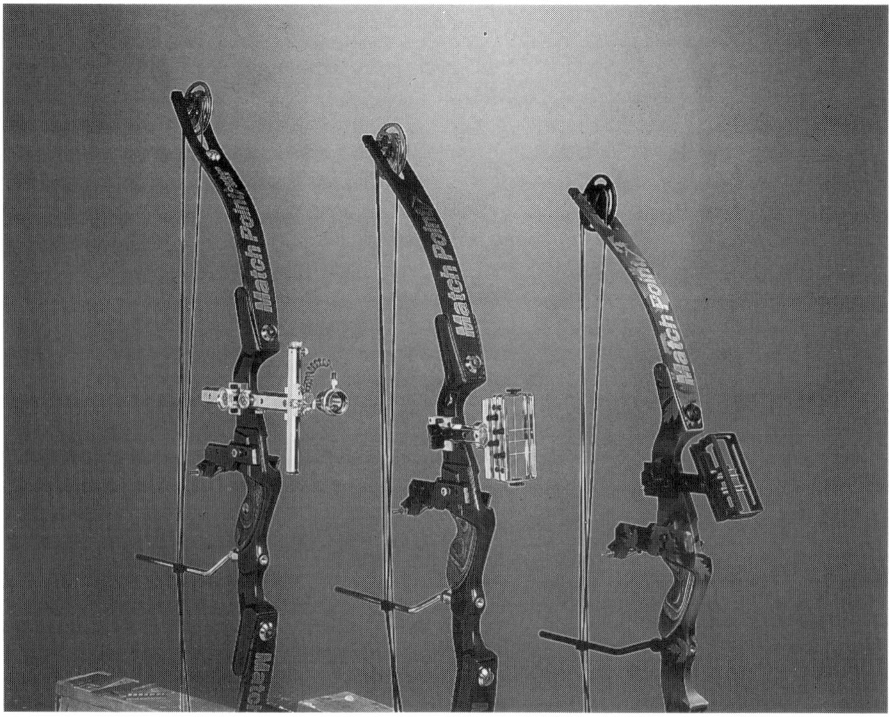

Viseurs pour la chasse Pro Line, multi-micro avec quatre épingles placées en quinconce ou alignées ; possibilité de réglages ultra-fins ; visibilité parfaite par tous les temps.

4) Le « long bow » ou arc droit

Certains puristes chassent encore avec l'arc droit traditionnel dont l'origine anglaise remonte à la guerre de Cent Ans. Cet arc est obligatoirement puissant, d'au moins 80 à 90 lbs (36 à 40 kg) pour chasser le sanglier. Il faut pouvoir le dominer. Il est apprécié pour son élégance, sa pureté de ligne, sa robustesse, il est en bois très dur, sa légèreté (il ne pèse pas plus de 750 grammes), son silence ; il s'utilise sans aucun accessoire. C'est l'arc le plus pur que l'on puisse imaginer. Mais son faible rendement doit être compensé par un instinct très sûr, et une approche de l'animal à tuer très serrée.

Tous les arcs, monoblocs, démontables, compound, ou droits, sont proposés avec des poignées pour droitier ou gaucher.

Les flèches de chasse

Les flèches de chasse sont en bois de cèdre, en alliage d'aluminium, ou en fibre de carbone.

Les chasseurs, aux États-Unis principalement, utilisent beaucoup de flèches en bois. Le cèdre en provenance de Port-Oxford dans l'Oregon est très apprécié. Ce bois dur permet d'obtenir des fûts de flèches suffisamment réguliers. Ces flèches sont résistantes et lourdes, ce qui est nécessaire à la chasse. Leur prix est modique.

Les tubes de flèches en alliage d'aluminium ou zicral anodisé, fabriqués par Easton aux États-Unis et Aviatube en France, sont les plus fiables. Deux types de tubes sont réservés aux chasseurs : « Game getter », un tube fait dans un alliage particulier, dont l'homogénéité donne à la flèche une résistance aux poussées extérieures lors de la décoche, tout à fait remarquable. Ce tube anodisé antireflet est de couleur vert olive foncé. L'autre tube de flèche pour la chasse appelé « Autumn Orange » est un tube moins cher, rigide, très résistant aux torsions, qui a fait ses preuves par une longue pratique. Anodisé mat il est teint de couleur orange. Dernière arrivée sur le marché, la flèche de chasse Beman est entièrement en fibre de carbone. Plus rapide que sa sœur en aluminium, elle est moins sensible à la déviation latérale, donc plus stable. Sa trajectoire est plate et tendue.

L'*empennage* de la flèche sert à la stabiliser dans l'air. On utilise soit des plumes véritables de dinde de préférence, soit des « plumes » en plastique de couleur. L'empennage comporte trois plumes placées de manière à former entre elles des angles de 120 degrés. De nombreux chasseurs préfèrent l'empennage à quatre plumes formant entre elles des angles de 90 degrés.

A la chasse, où l'on tire à courte distance, on utilise des plumes plus longues et plus larges qu'au tir sur cible. C'est en effet la surface de l'empennage qui compte. Plus l'empennage est important, mieux il dirige le vol de la flèche, et lui permet son redressement facile. En revanche il ralentit la vitesse de la flèche au-delà de vingt mètres de distance.

Bien que fragiles et sensibles à l'humidité, à la pluie, les plumes naturelles sont appréciées à la chasse. Ce sont en général des plumes de dinde qui doivent toutes les trois ou quatre provenir d'une aile du même côté de l'oiseau afin de posséder des caractéristiques identiques. Les plumes naturelles passent bien sur le repose-flèche, elles réagissent plus vite dès la sortie de l'arc, et maintiennent bien la rectitude de la flèche en vol.

Les plumes en plastique sont plus résistantes, plus faciles à coller sur le fût et moins chères. Il en existe de nombreuses pour la chasse, de couleurs, de formes et de hauteurs variées (7 mm au moins).

Les encoches montées sur les flèches de chasse sont de même type que celles montées sur les flèches de tir à la cible. Il faut les choisir en fonction du diamètre du tube de flèche.

Pointes variées

Les pointes de flèches nombreuses et variées doivent être choisies en fonction du gibier chassé.

Les pointes de chasse sont en acier trempé très dur, extrêmement pointues et finement affûtées.

Pour le petit gibier, lapin, on peut utiliser des pointes de tir sur cible. Mais pour le gibier moyen, chevreuil, par exemple, on emploie des pointes pas trop lourdes (8 grammes environ) garnies de deux ou trois lames pleines et courtes.

Pour le gros gibier, comme le sanglier, il faut prendre des pointes plus lourdes (10 grammes et plus) munies de trois ou quatre lames disposées en croix ou en triangle. Ces lames plus longues et plus larges sont évidées pour faciliter l'écoulement du sang de l'animal. Le largeur à la base de la lame est d'environ 27 à 30 millimètres.

Les pointes de chasse sont toujours interchangeables. L'extrémité de la flèche est munie d'une virolle permettant de visser la pointe désirée. Les lames extrêmement aiguisées sont protégées par des capuchons en plastique permettant de les manipuler sans danger.

Pour chasser les oiseaux on se sert d'une flèche terminée par un embout en caoutchouc ou en plastique non dur. L'oiseau heurté en plein vol tombe assommé sans être déchiqueté, comme il le serait avec une lame. Tirer un faisan, une perdrix, un canard, avec un arc et une flèche est extrêmement difficile. Une flèche décochée à 45 degrés porte à 400 mètres, il faut donc être prudent. Pour ce type de chasse les flèches sont garnies d'un empennage spécial appelé « flu-flu » comportant des plumes larges et longues, parfois montées en spirale. Ces plumes réduisent la vitesse de la flèche et la font retomber au bout de 50 mètres de course.

Longueur de flèche

Comment déterminer la longueur correcte d'une flèche de chasse.

Il existe deux méthodes faciles pour déterminer cette longueur :

La méthode la plus conventionnelle consiste à tendre l'arc de chasse plusieurs fois de suite, jusqu'au moment où l'on trouve son point d'ancrage ; index au coin de la bouche, le plus souvent.

Prendre alors une flèche extra longue et marquer le point d'ancrage. Faire très attention que l'épaule et le bras d'arc soient bien en ligne et en complète extension. Mesurer la distance qui sépare la marque préalablement faite sur la flèche du fond de la rainure de la corde de l'encoche de la flèche, du bord extérieur de l'arc, ajouter 2 cm pour laisser la place à une pointe acérée de chasse. Vous avez alors la longueur correcte de votre flèche.

Une autre méthode consiste à faire face à un mur en se mettant à 90 degrés, les phalanges des doigts serrées contre le mur. Le bras d'arc et l'épaule tendus en ligne à fond, la tête dans la position de tir.

Un de vos amis peut alors mesurer la distance qui sépare la commissure de votre bouche du mur. Ajouter 2 cm pour laisser la place à la pointe de chasse. Vous avez alors la longueur correcte de votre flèche de chasse.

Les accessoires des arcs de chasse

La corde. L'arc de chasse moderne est équipé d'une corde en dacron. On utilise de préférence le dacron 50, qui peut supporter un poids de 50 livres par brin. Selon la puissance de l'arc, la corde doit comporter :

12 brins pour des arcs de 35 à 45 lbs (16 à 20 kg) ;
14 brins pour des arcs de 45 à 55 lbs (20 à 25 kg) ;
16 brins pour des arcs de 55 à 65 lbs (25 à 30 kg) ;
18 brins pour des arcs de 65 lbs et plus.

Un œilleton de visée peut être monté sur une corde d'arc de chasse.

On protège la corde à l'aide d'une cire spéciale, mélange de résine et de cire vierge.

Les arcs « compound » sont également équipés de cordes en dacron, mais cette corde est reliée d'un bout à l'autre par des câbles de fils d'acier qui passent par les poulies.

Pour absorber le bruit des vibrations, on monte sur la corde des silencieux, petites boules de feutre ou de duvet. Sur les câbles des « compound », on place des écarteurs de câbles et des silencieux spéciaux.

Le repose-flèche, peut être un simple morceau de feutre, de cuir, ou une petite languette de plastique souple. Il sert uniquement d'appui au moment où le chasseur encoche la flèche.

Le stabilisateur de l'arc de chasse est un contrepoids placé à l'arrière et en dessous de la poignée.

Le viseur de chasse, est une simple règle fixée verticalement à l'avant de la fenêtre de l'arc, qui supporte quatre ou six pointes de métal servant de repères de visée. Selon leur emplacement ces pointes permettent au chasseur de connaître d'un coup d'œil la distance qui le sépare de l'animal qu'il cherche à atteindre. Son ancrage et sa visée en sont facilités.

Viseur de chasse à 5 pointes, monté sur l'arc (Bear Archery).

Le carquois de chasse le plus pratique se fixe sur l'arc lui-même. Il est en métal. Mais certains chasseurs préfèrent le carquois en cuir que l'on porte sur le dos.

La housse, ou valise de rangement, est indispensable pour protéger l'arc pendant le transport.

Le camouflage est absolument utile pour approcher les animaux à la chasse. Les arcs de chasse sont livrés peints en teintes sombres, brun, noir, vert foncé, de même que les cordes et tous les accessoires. On peut encore améliorer le camouflage en recouvrant les branches de l'arc de bandes velcro teintées. Les vêtements en tissu « camouflage » tâcheté de couleurs sombres comme les sous-bois ou claires comme la savane sont appréciés des chasseurs à l'arc. Les gants de tir, les bracelets de protection, sont également camouflés. Des chaussures à semelles de crêpe sont recommandées pour se déplacer sans bruit.

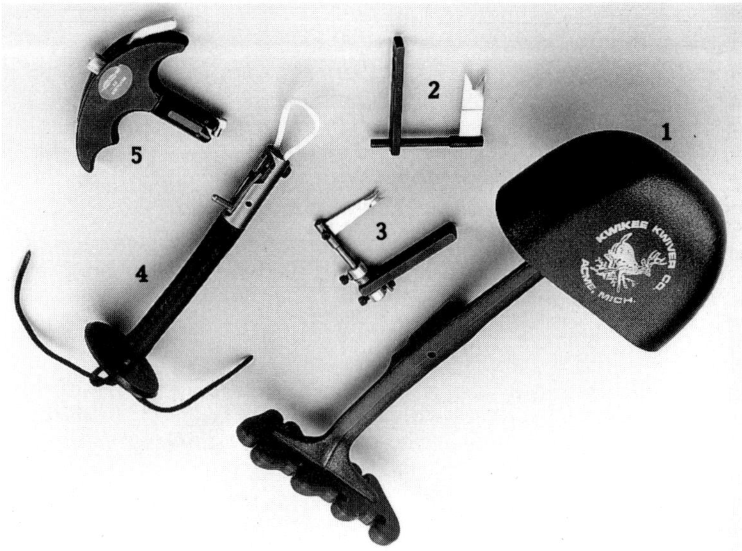

Pour les arcs de chasse. 1) Carquois à fixer sur l'arc, contenance de six flèches (M-3204). 2) et 3) Repose-flèche « pacesetter ». 4) Décocheur (R-56 Fletchmatic). 5) Décocheur (R-66 Magnum).

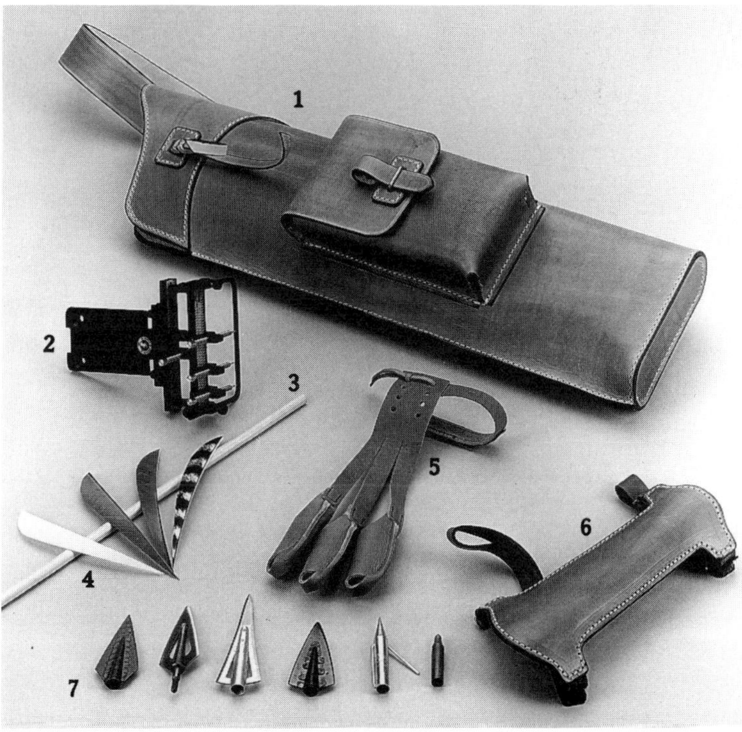

1) Carquois dorsal en cuir avec poche (FA). 2) Viseur, M-4600 Martin, multimicron avec trois pointes. 3) Tube de flèche de chasse. 4) Plume naturelle camo et plumes paraboliques 125. 5) Gant de tir en cuir. 6) Bracelet protège avant-bras en cuir (FA Longbow). 7) Pointes de flèche chasse, de gauche à droite : ACE Standard, Bear razorhead, Thunderhead 125, Zwickey black diamond, pointe pour la pêche, pointe field pour fût en bois.

Les cibles représentant des animaux dans des attitudes différentes sont très utiles pour des tirs d'entraînement. Elles comportent en général la marque des emplacements à atteindre pour tuer l'animal.

Les jumelles sont indispensables à la chasse pour observer les déplacements du gibier recherché, et s'assurer de sa position favorable au tir.

Le gant en cuir est indispensable à la chasse à l'arc pour protéger les doigts qui tirent la corde. On peut utiliser aussi un « décocheur », sorte de crochet métallique, qui permet de maintenir aisément la corde tendue, et de décocher avec précision le moment venu.

LA PÊCHE A L'ARC

La pêche à l'aide d'un arc et d'une flèche est un exercice très sportif. On utilise un arc de chasse. Le tir du poisson s'exécute à très courte distance de deux à cinq mètres. Sur la face avant du corps de l'arc est fixé un tambour, sorte de moulinet, qui sert à remonter le fil de nylon au bout duquel se trouve la flèche.

La flèche de pêche est faite d'un tube plein en fibre de verre ou en plastique. Elle doit être lourde et très rigide pour pénétrer dans l'eau qui oppose une grande résistance. La flèche est empennée en plastique ou caoutchouc. Les pointes longues et fines sont munies de barbillons rétractables. Il en existe plusieurs modèles. Le talon du fût, à la base de l'encoche, est percé d'un trou transversal permettant le passage du fil de nylon.

La pêche à l'arc peut être très amusante et pleine d'imprévus. Il est en effet toujours très difficile lorsque le chasseur est sur la berge d'évaluer à quelle profondeur se trouve le poisson que l'on veut pêcher. En règle générale on peut dire que le point de visée doit être déterminé en multipliant par deux la profondeur où l'on estime qu'est le poisson. Exemple si le poisson est à 30 cm il faut viser à 60 cm en dessous de la surface de l'eau. Mais de toute manière il est très fréquent de s'apercevoir que l'on a visé trop haut ou trop bas, et de voir le poisson nager tranquillement vers des eaux moins dangereuses.

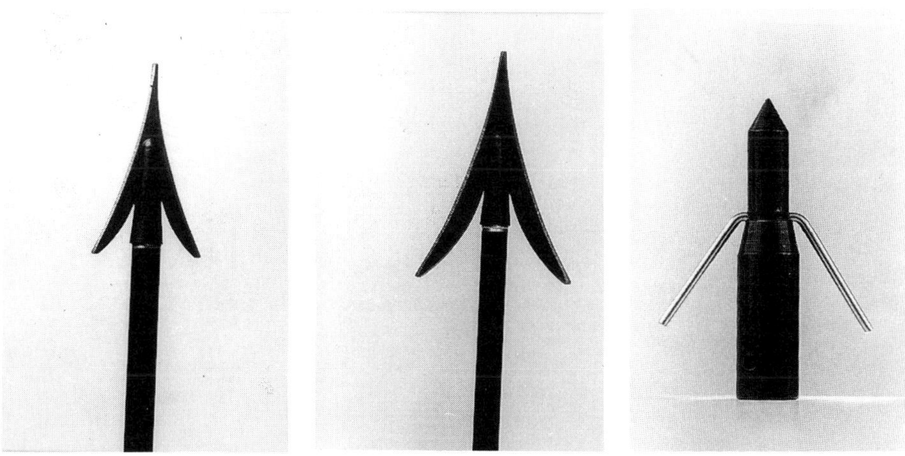

Deux pointes de flèches pour la pêche des poissons de rivière et de lac et une pointe spéciale pour les poissons de fonds rocheux (Bohning).

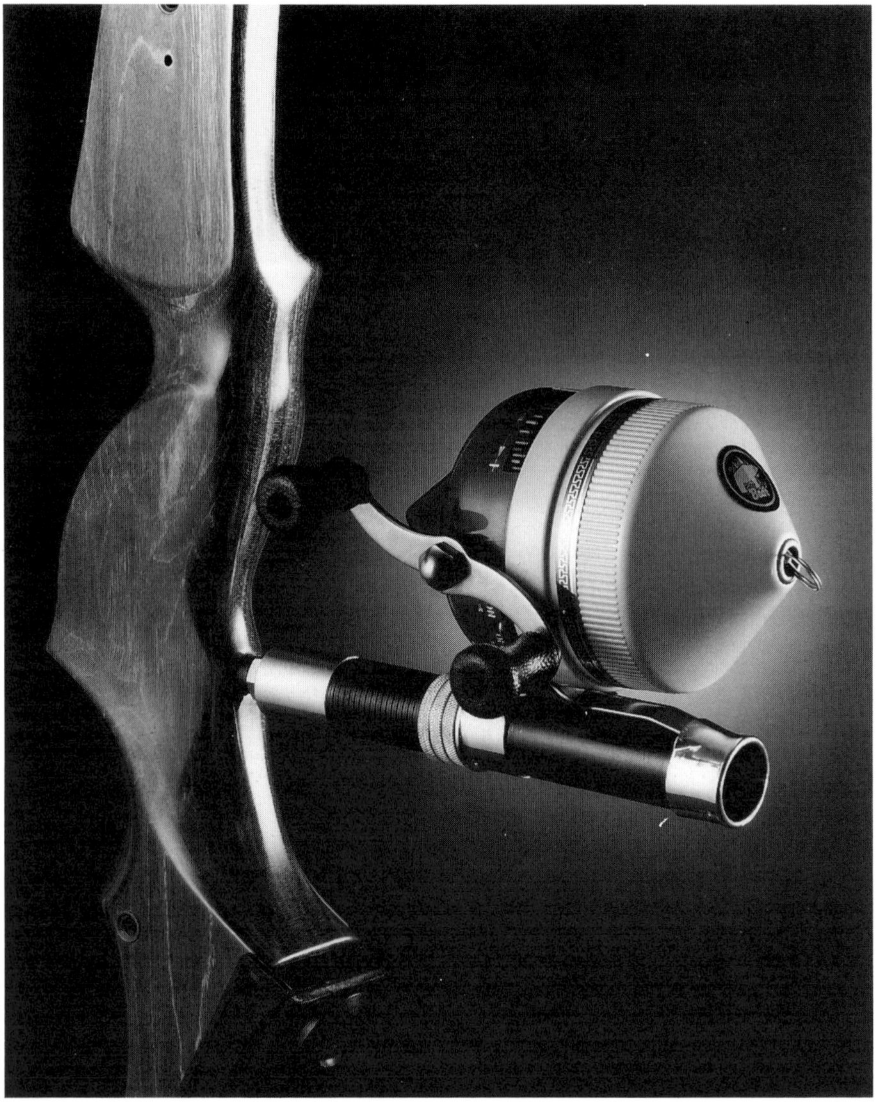

Fixés à l'avant de l'arc, moulinet et dispositif permettant de remonter la flèche de la pêche à l'arc (Bear Archery).

TABLEAU DE CONCORDANCE DES FLÈCHES DE CHASSE EASTON

POIDS DE TRACTION DE L'ARC EN LIVRES	LONGUEURS DE FLÈCHES EN INCHES XX 75 ou Game Getter																ARC COMPOUND	
	26½ - 27½		27½ - 28½		28½ - 29½		29½ - 30½		30½ - 31½		31½ - 32½		32½ - 33½		33½ - 34½			
	27"		28"		29"		30"		31"		32"		33"		34"			
	tube	poids	tube	poids	tube	poids	tube	poids	tube	poids	tube	poids	tube	poids	tube	poids	30 % Let-off	50 % Let-off
35-39	1913* 1815□ 1816	415 424 440	1913* 1915□ 1916 1818	426 447 471 490	2013* 1916 1917□	451 481 501	2114 2016 8.4^M 1917□ 1918	486 507 508 511 537	2114 2016 2115□ 1918 8.5^M	496 517 524 549 565	2213* 2115□ 2018 8.6^M	505 535 583 619	2213* 2117	514 587			41-46	47-52
40-44	1913* 1915□ 1916 1818	415 438 461 478	2013* 1916 1917□ 1820**	442 471 490 530	2114 2016 8.4^M 1917□ 1918	476 496 497 501 526	2114 2016 2115□ 1918 8.5^M	486 507 513 537 553	2213* 2115□ 2018 8.6^M	495 524 571 612	2213* 2117 2018 8.7^M	505 575 583 675	2117 2216	587 587			47-52	53-59
45-49	2013* 1916 1917□ 1820**	433 461 479 517	2114 2016 8.4^M 1917□ 1918	466 486 487 490 514	2114 2016 2115□ 8.5^M 1920**	476 496 502 541 559	2213* 2115□ 2018 8.6^M	485 513 558 598	2213* 2117 2018 2020 8.7^M	495 563 571 609 660	2117 2216 2020 8.7^M	575 575 622 675	2216 2217□	587 609	2219	658	53-58	60-66
50-54	2114 2016 1917□ 1918	456 475 479 503	2114 2016 8.4^M 2115□ 1920**	466 486 487 492 546	2213* 2115□ 8.5^M 2018 1920**	475 502 541 546 559	2213* 2117 2018 2020 8.6^M	485 551 558 595 598	2117 2216 2020 8.7^M	563 563 609 660	2216 2217□ 8.7^M	575 596 675	2216 2217□ 2219	587 609 644	2219	658	59-64	67-72
55-59	2114 2016 8.4^M 2115□ 1920**	456 475 477 481 534	2213* 2115□ 8.5^M 2018 1920**	465 492 529 534 546	2213* 2117 2018 2020 8.6^M	475 539 546 582 585	2117 2216 2020 8.7^M	551 551 595 645	2216 2217□ 8.7^M	563 584 660	2216 2217□ 2219	575 596 631	2217□ 2219	609 644	2317 2219	648 658	65-70	73-79
60-64	2213* 8.4^M 2115□ 2018 1920**	455 477 481 522 534	2213* 2117 8.5^M 2018 2020	465 527 529 534 568	2117 2216 2020 8.6^M	539 539 582 585	2216 2217□ 8.7^M	551 571 645	2216 2217□ 2219 8.7^M	563 584 617 660	2217□ 2219	596 631	2317 2219	634 644	2317	648	71-76	80-86
65-69	2213* 2117 2018 2020	455 515 522 555	2117 2216 2020 8.6^M	527 527 568 571	2216 2217□ 8.7^M	539 558 629	2216 2217□ 2219 8.7^M	551 571 603 645	2217□ 2219	584 617	2317 2219	621 631	2317	634	2317	648	77-82	87-93
70-74	2117 2216 2020	515 515 555	2216 2217□	527 546	2216 2217□ 2219	539 558 589	2217□ 2219	571 603	2317 2219	607 617	2317	621	2317	634	2419	685	83-88	94-100
75-79	2216 2217□	515 533	2216 2217□ 2219	527 546 575	2217□ 2219	558 589	2317 2219	594 603	2317	607	2317	621	2419	670	2419	685	89-94	101-107
80-84	2216 2217□ 2219	515 533 562	2217□ 2219	546 575	2317 2219	580 589	2317	594	2317	607	2419	656	2419	670	2419	685	95-100	108-114
85-89	2217□ 2219	533 562	2317 2219	567 575	2317	580	2317	594	2419	641	2419	656	2419	670			101-106	115-121
90-94	2317 2219	553 562	2317	567	2317	580	2419	627	2419	641	2419	656					107-112	122-128
95-99	2317	553	2317	567	2419	612	2419	627	2419	641							113-118	129-135
100-109	2317	553	2419	597	2419	612	2419	627									119-129	136-149
110-119	2419	583	2419	597	2419	612											130-142	150-163

Ce tableau a double entrée, d'une part lecture verticale : colonne de gauche (recurve), colonne de droite (compound) donne la puissance de l'arc ; d'autre part, lecture horizontale, donne la longueur de la flèche.

Au croisement puissance d'arc/longueur de flèche, le tireur à l'arc peut lire le diamètre du tube utile, et le poids en « grains » de la flèche montée.

Exemple : pour un arc de 45 à 49 lbs (20 à 22 kg), et une flèche de 30 pouces (76 cm), le tube utile doit être de 2018 pour un poids de 554 grains (36 g).

LES DISCIPLINES DU TIR A L'ARC

Dès que l'archer a acquis la maîtrise de son arc il prend plaisir à participer aux côtés des membres de son club à des compétitions. Il est préférable de commencer par des concours de tir en salle, qui se déroulent sur de courtes distances, avant d'aborder les compétitions en plein air sur de plus longues distances.

Les archers en compétition sur le champs de tir des Jeux Olympiques à Barcelone en 1992.

Les différentes formes de tir les plus pratiquées sont celles réglementées par la Fédération Internationale de Tir à l'Arc. Ces disciplines sont le tir aux quatre distances ou « tir F.I.T.A. », le tir en campagne, le tir en salle, le tir au drapeau et le tir à très grande distance. Il existe en France d'autres sortes de tir, issues des traditions locales. Certaines sont contrôlées par la Fédération Française de Tir à l'Arc, comme le tir fédéral, le tir au beursault, le tir nature.

Le tir à l'arc est également un sport de loisir qui allie la force à l'adresse et au jeu. Le tir à la perche ou à l'oiseau est pratiqué principalement dans le nord de la France et en Belgique et cela depuis le Moyen Âge. Le tir « archerie-golf », le « ski-arc biathlon», le tir à très grande distance, les jeux de tir « pétanque », « darts », « golf », etc., sont autant de façons d'aborder le tir à l'arc de manière très sportive ou très ludique.

Les disciplines contrôlées par la Fédération Internationale de Tir à l'Arc

Le tir F.I.T.A.

Le tir aux quatre distances, ou tir F.I.T.A. est la discipline olympique, pratiquée dans le monde entier, par les membres des soixante-dix fédérations nationales affiliées à la F.I.T.A. Cette discipline fait l'objet de championnats nationaux, chaque année, continentaux tous les deux ans, mondiaux tous les deux ans, et olympiques tous les quatre ans. Des records sont homologués, pour chaque distance et pour le total.

Disposition du champ de tir

Pour les tournois majeurs, jeux Olympiques, championnats du monde, championnats continentaux, le terrain de tir doit être expressément une pelouse de vastes dimensions, rectangulaire, recouverte d'une herbe dense et bien verte. Les autres tournois se déroulent généralement sur un stade. Des arbres peuvent entourer le champ, pourvu qu'ils soient assez éloignés et n'attirent pas le regard du tireur. Le terrain doit être absolument plat. Les cibles sont placées de manière à ce que à aucun moment de la journée les tireurs ne reçoivent les rayons du soleil de face ou de trois-quarts face.

Les cibles sur chevalets sont placées deux par deux dans des couloirs de 5 m de large, tracés au lait de chaux ou délimités par des rubans de plastique blanc. Le pas de tir est également indiqué par une ligne blanche. Des repères sur le terrain indiquent l'emplacement de chaque distance. Les chevalets portant les cibles sont avancés à chacune des distances après les tirs de chaque série. Une aire de stationnement pour les tireurs est délimitée par une enceinte assez large, qui les sépare du public. Dans les grands tournois les archers disposent de parasols et de chaises et de suffisamment de place pour disposer leur matériel.

Dans un tournoi olympique, deux tireurs au maximum peuvent tirer alternativement sur la même cible, trois dans les championnats du monde et continentaux, quatre au maximum dans tous les autres concours.

Règlement du tir F.I.T.A.

Le tournoi F.I.T.A. consiste en un tir sur quatre distances : 90 m, 70 m, 50 m, 30 m, pour les hommes ; 70 m, 60 m, 50 m, 30 m, pour les femmes. Un terrain de tir est aménagé pour les hommes et un autre pour les femmes.

L'archer tire une série de 36 flèches, par volées de trois, à chacune des distances, soit 144 flèches pour les quatre distances, dites « simple série F.I.T.A. ». Le score maximum possible est de 360 points par distance, 1 440 points au total. On commence toujours par la distance la plus longue (90 m H, 70 m F), pour continuer decrescendo jusqu'à la dernière, le 30 mètres. Aux longues distances (90 m, 70 m, 60 m) on tire deux volées de trois flèches, puis on va aux cibles marquer les impacts, relever les scores, et retirer les flèches. Les tireurs reviennent au pas de tir et recommencent jusqu'à épuisement de la série. Pour les courtes distances (50 m et 30 m) on va aux cibles marquer et retirer les flèches après chaque volée de trois flèches.

Pour chaque volée de trois flèches, le tireur dispose de deux minutes et demi. Le temps est chronométré par l'arbitre et annoncé par signaux lumineux et sonores par le directeur de tir. Dans les compétitions importantes, il y a plusieurs arbitres sur le terrain qui contrôlent la régularité des tirs et la marque des scores.

Après chaque volée, les archers concurrents retirent leurs flèches de la cible après avoir marqué leurs impacts et relevé leurs scores.

Une compétition de tir F.I.T.A. peut se dérouler en une journée, les distances longues sont tirées le matin, les deux autres courtes l'après-midi, ou en deux journées à raison d'une distance par demi-journée. Au début de chaque journée de tir, les concurrents ajustent leurs arcs par six flèches d'essai, qui ne sont pas comptatilisées.

« Grand F.I.T.A. Round »

Jusqu'en 1986, les tournois majeurs, certains championnats continentaux, les championnats du monde et olympiques, étaient disputés sur une « double série F.I.T.A. », en quatre jours, soit un total cumulé de 288 flèches tirées. L'épreuve était longue et difficile à suivre pour un public non averti. Les archers étant loin des spectateurs, tous sur la même ligne, dos aux tribunes, il est quasi impossible de voir correctement le match qui se déroule entre les meilleurs.

La fédération internationale a donc modifié son règlement en substituant à la seconde série de tirs, quatre phases finales appelées « Grand F.I.T.A. Round » (Grande épreuve F.I.T.A.). Le tournoi comprend ainsi un concours qualificatif (144 flèches), duquel sont retenus les vingt-quatre premiers archers. Ensuite les éliminatoires se disputent en 36 flèches sur chacune des quatre distances. Sur les 24 archers en huitième de finale, 18 sont qualifiés pour les quarts de finale, puis 12 pour la demi-finale et 8 restent en finale. Les points ne sont pas cumulés. Chaque distance est comptée à partir de zéro. Le meilleur de la finale est le vainqueur de la compétition entière. Le temps nécessaire à cette finale est d'environ une heure.

Encore trop long, a estimé la F.I.T.A. qui a modifié en le simplifiant, ce règlement à l'occasion des jeux Olympiques de Barcelone (1992).

A l'issue du concours qualificatif (36 flèches sur chacune des quatre distances, soit 144 flèches), les trente-deux meilleurs archers sont retenus pour des éliminatoires directes, selon le tableau suivant :

— 32 archers en 1/16 de finale.
— 16 archers en 1/8 de finale.
— 8 archers en 1/4 de finale.
— 4 archers en 1/2 finale.
— 2 archers en finale.

Pour diminuer la durée de ces phases, les éliminatoires se disputent sur une seule distance, 70 mètres, sur une cible de 122 cm de diamètre, par un tir de douze flèches par volées de trois. La finale dure un quart d'heure, les deux archers tirant l'un après l'autre. Ils disposent d'aides pour retirer les flèches, ce qui leur évite le déplacement jusqu'à la cible. Des arbitres assurent la marque, les scores sont immédiatement affichés électroniquement sur les tableaux.

Classement par équipe

Dans les compétitions internationales, à l'issue du premier tournoi F.I.T.A. individuel, seize équipes sont sélectionnées à raison de trois tireurs par pays. Ces équipes disputent des éliminatoires directes sur l'unique distance de 70 mètres (cible de 122 cm). Chaque archer tire 9 flèches par volées de trois, soit 27 flèches par équipe pour chaque phase d'élimination : 1/8, 1/4, 1/2, finale. Le temps imparti à chaque équipe pour tirer ses neuf flèches est de trois minutes et demi, soit un peu plus d'une minute pour chaque archer, ce qui est très rapide et ajoute au suspense...

La cible F.I.T.A.

La cible F.I.T.A. appelée blason est circulaire divisée en dix zones concentriques, comptées de l'extérieur 0 au centre 10. Les zones sont colorées deux par deux en cinq couleurs ainsi réparties : 1 et 2 blanc, 3 et 4 noir, 5 et 6 bleu, 7 et 8 rouge, 9 et 10 jaune appelé or.

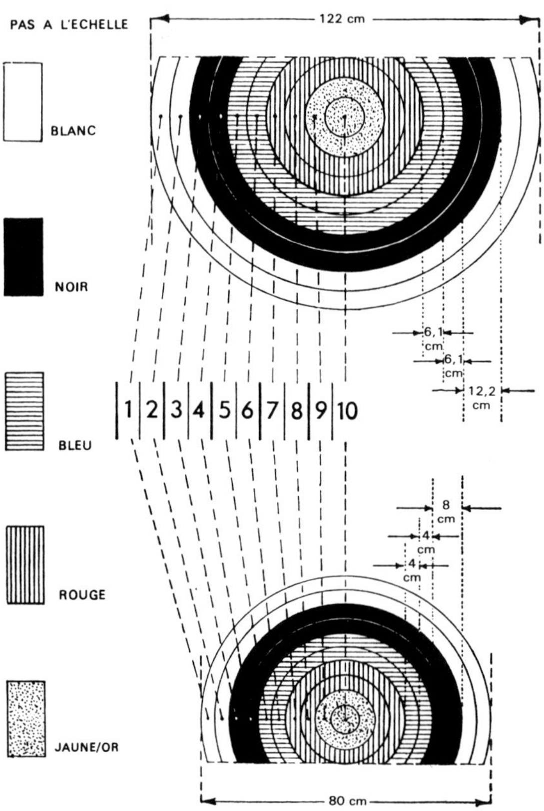

Figure 23 : Cible F.I.T.A. à dix zones et cinq couleurs.

Pour les tirs à 90 m, 70 m, 60 m, le blason mesure 122 cm de diamètre. Le centre or a un diamètre de 12,2 cm, et chaque zone suivante est large de 6,1 cm. Le trait de séparation des zones est toujours tracé dans la zone supérieure, ce qui permet de compter à l'avantage les impacts de flèches situés sur les traits de séparation.

Pour les tirs à 50 m et 30 m, le blason mesure 80 cm de diamètre, le centre or 8 cm, et chaque zone suivante est large de 4 cm.

Carré ou circulaire, le panneau de cible qui supporte le blason doit mesurer 124 cm de large au moins dans toutes les directions, afin que toute flèche frappant le panneau et touchant le bord extérieur du blason, reste en cible.

Le centre or du blason doit se trouver à 130 cm au-dessus du sol. Chaque panneau d'aggloméré ou paillasson est fixé à un chevalet, et légèrement incliné à 15 degrés environ (fig. 23).

Le matériel de tir

Afin de conserver au tir à l'arc l'image d'un sport amateur et donner à chaque tireur les mêmes chances, la fédération internationale a réglementé sévèrement l'équipement de l'archer. Tous les accessoires qui permettent de faciliter la visée et qui sont employés par les tireurs professionnels, par les chasseurs sont interdits. Les arcs « compound » ne sont pas non plus acceptés dans les championnats du monde et olympiques, ou pour l'homologation des records. Voici la définition du matériel édictée par la F.I.T.A. :

Un arc de n'importe quel type peut être employé à condition qu'il réponde aux principes et idées que l'on se fait d'un arc utilisé pour le tir sur cible, c'est-à-dire : un instrument comprenant une poignée, un corps et deux branches flexibles se terminant chacune par un embout comprenant une gorge. L'arc est bandé par une seule corde attachée directement et seulement aux deux embouts. Il est tenu par une main à la poignée, tandis que les doigts de l'autre main tirent, retiennent et lâchent la corde.

La corde d'arc peut être faite de n'importe quel nombre de brins du produit choisi à cet effet, avec au centre un tranche fil pour placer les doigts, un point d'encochage avec des arrêts éventuels pour tenir l'encoche de la flèche. Le tranche fil de la corde ne doit pas pouvoir être vu par l'archer en plein tir, de manière à ne pas l'aider à viser. La corde ne doit en aucun cas permettre de viser au moyen d'additifs comme : œilleton de visée inséré dans la corde, visette, marque, ou tout autre moyens.

Un repose-flèche, réglable ou non, un bouton de pression latérale, un contrôleur d'allonge, peuvent être placés sur l'arc pour autant qu'ils ne soient ni électriques ni électroniques et ne puissent donner une aide supplémentaire à la visée.

Un viseur, une marque sur l'arc sont autorisés, mais un seul à la fois. Le viseur est un simple curseur de visée qui sert à régler le tir horizontalement et verticalement, mais il ne doit comprendre en aucun cas un prisme ou une lentille, ou d'autres systèmes grossissants, ni un niveau ou autres systèmes électriques. Il ne doit comporter qu'un seul point de visée.

Un repère de visée est une simple marque faite au crayon ou à l'aide d'un ruban adhésif sur l'arc.

Les stabilisateurs au nombre de quatre au maximum peuvent être montés sur l'arc, pourvu qu'ils ne puissent servir de guide de corde, qu'ils ne touchent que l'arc, et qu'ils ne présentent aucun obstacle aux autres archers placés sur la ligne de tir de part et d'autre.

Des flèches de tous types peuvent être employées. La flèche se compose d'un tube empenné, d'une encoche, et d'une pointe métallique spéciale pour le tir à la cible, à l'exclusion de tout autre sorte de pointe qui risquerait d'endommager le blason ou la cible.

Les flèches de chaque archer devront être marquées à son nom, ses initiales ou son insigne ; elles devront être de la même couleur ainsi que l'empennage et la décoration.

Parmi les accessoires, le tireur en compétition peut utiliser un gant pour la main d'arc, un protège-doigts, doigtier ou palette, même avec séparateur de doigts, pour la main de corde. La sucette, le bracelet, le plastron, la dragonne, le carquois, le repose-arc, les marques pour les pieds, sont également autorisés.

Des jumelles, des télescopes ou autres instruments optiques peuvent être employés entre les tirs pour localiser les flèches. Les lunettes ordinaires si nécessaire, ou des lunettes de tir peuvent être utilisées à condition qu'elles soient munies des mêmes verres que ceux habituellement employés par l'archer, et des lunettes de soleil, non équipées de lentilles, verres ou similaires avec micro-trou, marques ou repères facilitant la visée.

Arcs au repos sur un terrain de tir : un matériel sans cesse renouvelé et aux performances améliorées.

Les « étoiles F.I.T.A. » et les records

Chaque fédération nationale peut organiser chaque année, une quinzaine de tournois de tir à l'arc aux quatre distances, homologués par la Fédération Internationale de Tir à l'Arc. Ces tournois se déroulent obligatoirement selon les règlements stipulés par la F.I.T.A. Ils sont contrôlés par des arbitres assermentés et reconnus par la F.I.T.A. Ils permettent l'homologation des records individuels et d'équipe, et l'attribution des « Étoiles F.I.T.A. ».

Ces étoiles sont des grades attribués au tireur lorsqu'il réussit pour la première fois à dépasser le score de 1 000 points, puis 1 100, 1 200, 1 300, 1 400. Ces qualifications sont matérialisées par un insigne comme suit :

Résultat d'au moins 1 000 points . . . simple Étoile F.I.T.A.

Résultat d'au moins 1 100 points . . . . Étoile F.I.T.A. sur fond noir portant le chiffre 1 100.

Résultat d'au moins 1 200 points . . . . Étoile F.I.T.A. sur fond bleu portant le chiffre 1 200.

Résultat d'au moins 1 300 points . . . . Étoile F.I.T.A. sur fond rouge portant le chiffre 1 300.

Résultat d'au moins 1 400 points . . . . Étoile F.I.T.A. sur fond jaune portant le chiffre 1 400.

Ces emblèmes sont très recherchés et font partie de la stimulation des tireurs en concours. Si l'Étoile F.I.T.A. 1 000 est monnaie courante, l'étoile 1 100 indique un archer confirmé, celle de 1 200 un archer de haut niveau. L'Étoile F.I.T.A. 1 300 est celle des grands champions. Les archers qui les détiennent sont ceux qui récoltent également les médailles des championnats continentaux, mondiaux ou olympiques.

Les records du monde à fin 1992 sont détenus chez les hommes par Vladimir Esheev (Russie) avec 1 352 points pour la série F.I.T.A., et 345 points pour le Grand F.I.T.A. Round. Chez les femmes, ce sont les Coréennes qui se partagent ces records : Eun-Kyung Lee avec 1 370 points pour la série F.I.T.A., et Soo-Nyung Kim avec 346 points pour le Grand F.I.T.A. Round.

Les records de France (en 1992) de la série F.I.T.A. appartiennent à Sébastien Flute, champion olympique, avec 1 324 points et à Sophie Dodemont, 1 309 points. Les records du Grand F.I.T.A. Round sont détenus respectivement par Olivier Rouillard, 342 points et Catherine Pellen, 333 points.

Aucun archer au monde n'a encore franchi la barre des 1 400 points... le score maximum possible est de 1 440 points.

Le tir à l'arc en salle

Cibles FITA de tir en salle, à 25 mètres.

Le tir à l'arc en salle a fait l'objet d'un règlement international en 1972. Depuis, la F.I.T.A. enregistre des records du monde.

Une compétition de tir en salle est facile à monter dans n'importe quel gymnase, pourvu que la place soit suffisante entre les cibles, sur le pas de tir, et derrière les tireurs.

Des précautions de sécurité derrière les cibles, sur les côtés, doivent faire l'objet de toute l'attention des organisateurs.

Les sources de lumière, soit naturelle, soit artificielle ont une influence importante sur la visée et doivent être prises en considération.

Le tir en salle se pratique sur deux distances : 25 mètres et 18 mètres.

Le blason pour le tir à 25 mètres est un blason F.I.T.A. à dix zones et cinq couleurs, qui mesure 60 cm de diamètre. Le centre a 6 cm de diamètre et chaque zone est large de 3 cm. Le blason de tir à 18 mètres ne mesure que 40 cm de diamètre, le centre a 4 cm de diamètre, et chaque zone est large de 2 cm.

Un tournoi de tir en salle se dispute sur deux séries de 30 flèches chacune, tirées par volées de trois, sur l'une ou l'autre distance. Le score maximum dans chaque série est de 300 points, et donc de 600 points pour la double série.

A l'issue de ces qualifications les seize meilleurs archers disputent une phase finale par élimination directe sur quinze flèches sur une distance. Les points de chaque tour ne sont pas cumulés. Deux archers se trouvent en finale, le meilleur remporte le tournoi.

L'ensemble du règlement F.I.T.A. est appliqué au tir en salle, notamment en ce qui concerne le matériel de tir, l'octroi des six flèches d'essai avant le début du tournoi, le chronométrage de deux minutes et demi par volée de trois flèches annoncé par signaux sonores ou lumineux.

L'arc à poulies (compound) est accepté dans les compétitions de tir en salle et fait l'objet d'un classement particulier. Depuis 1990, il est reconnu par la F.I.T.A. et a accès aux championnats du monde.

Le centre de la cible de 60 cm pour le tir à 25 mètres doit se trouver situé à 130 cm au-dessus du sol. Pour gagner de la place, les blasons de 40 cm pour le tir à 18 mètres, peuvent être superposés sur deux lignes. Le centre du blason le plus haut se trouve alors à 160 cm du sol, celui le plus bas à 100 cm du sol.

Deux archers peuvent tirer l'un après l'autre, sur la même cible de 60 cm pour le tir à 25 mètres. Tandis qu'un seul archer tire sur chaque cible de 40 cm de diamètre pour le tir à 18 mètres.

Le tir à l'arc en campagne

Cibles de tir en campagne.

Le tir à l'arc en campagne est une discipline très sportive, appréciée des tireurs. Cette forme de tir consiste à effectuer à pied un parcours en pleine nature de 3 à 5 kilomètres environ, tout au long duquel des cibles et des pas de tir sont disposés de manière à présenter au tireur des difficultés particulières à chaque poste, rappelant ainsi les conditions de tir de chasse.

Le tir en campagne est une discipline reconnue par la F.I.T.A., qui a ses règles, et depuis 1969, ses championnats du monde et ses championnats continentaux et régionaux. Il n'y a pas d'homologation de records.

Le tir en campagne est très développé et ce depuis bien avant la dernière guerre mondiale, aux États-Unis, où l'on compte plusieurs centaines de milliers de membres affiliés à la National Field Archery Association. Toute l'année ces archers pratiquent cette forme de tir, comme un entraînement complet à la chasse à l'arc.

Le tir en campagne a été introduit en Europe après les années cinquante, et s'est développé en France depuis les années soixante. Plus de deux mille archers licenciés à la Fédération Française, pratiquent le tir en campagne. Une trentaine de terrains sont spécialement aménagés pour ce tir en France.

Règlement du tir en campagne

Longtemps la partie de tir en campagne se déroulait sur un parcours de 14 cibles placées à des distances inconnues du tireur, et 14 cibles à des distances connues. Le parcours complet étant de 28 cibles, la compétition s'étirait dans le temps. Ce qui en hiver amenait les derniers pelotons d'archers à tirer à la nuit tombante, avec une visibilité considérablement amoindrie.

Depuis janvier 1992, les parcours ont été ramenés à 12 cibles chacun, soit 24 cibles en tout.

Chaque archer tire trois flèches sur chaque cible, soit un total de soixante-douze flèches. Les blasons des cibles comprennent cinq zones, comptées de 1 à 5. Le score maximum possible sur vingt-quatre cibles est donc de 360 points. Chaque parcours comporte trois cibles dans chacun des diamètres suivants : 80, 60, 40, 20 centimètres.

Choix des arcs

Cibles de tir *compound* pour arc à poulies.

Les tireurs ont le choix entre trois types d'équipement : l'arc des concours F.I.T.A., avec viseur et stabilisateur ; l'arc nu (sans viseur) ; et l'arc à poulies (compound).

Pour chacune de ces catégories les distances de tir diffèrent, aussi bien dans les distances inconnues que connues. Dans les deux cas elles sont comprises entre 5 m et 65 mètres par tranches de 5 mètres et selon les diamètres des blasons. Les pas de tir sont matérialisés par un piquet bleu, rouge ou jaune selon la catégorie de l'arc utilisé.

Le tir au drapeau

Ce tir, reconnu par la F.I.T.A., est très pratiqué en Grande-Bretagne et aux États-Unis d'Amérique, mais assez peu en France. Ce tir s'apparente plus à un jeu où la chance prend une grande part, à défaut d'une connaissance précise des règles balistiques.

La série de tir au drapeau comporte 36 flèches aux distances suivantes : 165 mètres pour les hommes, 125 mètres pour les femmes.

Le tir a lieu dans une seule direction. Deux volées de trois flèches d'essai sont accordées avant le début des tirs.

Le blason du drapeau est circulaire de 15 mètres de diamètre. Il est divisé en cinq zones concentriques en commençant par le centre, chacune de 1,5 m de largeur. Chaque trait de séparation se trouve dans la zone supérieure. Le blason peut être tracé par terre au lait de chaux, ou bien marqué par une corde ou un ruban métallique à chaque ligne de démarcation des zones. Le centre du blason est marqué par le Drapeau, triangle blanc ou de couleur, de 80 cm de longueur et de 30 cm de largeur, fixé à une hampe ronde en bois blanc, bien plantée verticalement dans le sol, pour que la partie la plus basse du drapeau ne soit pas à plus de 50 cm du sol.

La valeur des impacts, en commençant par le centre est de 5, 4, 3, 2 et 1 points par flèche.

L'équipement des archers est le même que pour le tir sur cible.

Le tir à très grande distance

Le tir à très grande distance pratiqué aux États-Unis est reconnu par la F.I.T.A.

Les derniers records du monde figurent au « Livre Guinness des records ». Ils appartiennent à deux archers américains : Miss April Moon qui a tiré une flèche à 950,93 mètres avec un arc à double courbure (1992).

Et Mr Don Brown qui a tiré une flèche à 1 222, 01 mètres également avec un arc à double courbure (1987).

Le tir consiste à décocher six flèches ayant pour objectif d'atteindre la plus grande distance possible.

Deux catégories de tir sont reconnues :

— Tir avec arc pour cible.

— Tir avec arc pour tir à grande distance. Cette catégorie est divisée en deux groupes suivant la puissance de traction des arcs : messieurs ; 50 lbs (23 kg), 65 lbs (30 kg) et sans limite,

arcs maintenus par les pieds. Dames : 35 lbs (16 kg), 50 lbs (23 kg), et sans limite. Toutes les sortes d'arcs sont autorisées.
Le tir s'effectue dans une seule direction. Des règles de sécurité très strictes sont à respecter.

Autres disciplines de tir à l'arc

En France, les archers licenciés à la F.F.T.A. pratiquent toutes les disciplines de tir F.I.T.A., la Fédération Française étant membre de la Fédération Internationale.
Ils ont également la possibilité de pratiquer et de concourir dans des disciplines particulières à notre pays. Ainsi le tir « fédéral », le tir sur un parcours « nature » forme très sportive et très récente de tir en campagne, et le tir au « beursault » qui prend ses origines dans la tradition chevaleresque.

Le tir « fédéral »

Tout au long de la saison de tir en extérieur (mars à octobre) les clubs organisent dans toute la France, presque chaque dimanche des concours de tir fédéral. Ces compétitions se disputent sur deux distances seulement, 50 m et 30 m, à raison de 36 flèches sur chacune, soit 72 flèches au total. Le score maximum possible est de 720 points. Le blason de cible utilisé est celui du tir F.I.T.A. de 80 cm de diamètre comprenant dix zones et cinq couleurs.
Ces concours se déroulent le plus souvent sur des stades, ou dans un pré, ce qui est plus bucolique mais demande plus de travail aux organisateurs pour délimiter le champ de tir. Le tir fédéral est une excellente approche de la compétition, tous les archers, même de niveau très moyen, pouvant y participer.

Le parcours « nature »

Le tir sur un parcours « nature » s'appelait naguère « tir chasse » et est resté sensiblement le même. Il consiste à tirer rapidement sur des cibles représentant des animaux de différentes dimensions.
Chaque silhouette d'animal comporte deux zones : la zone « blessé » qui est délimitée par le contour de l'animal ; la zone « tué » qui est délimitée par un cercle tracé au centre de l'animal.
Les parcours « nature » sont comparables à ceux de tir en campagne.

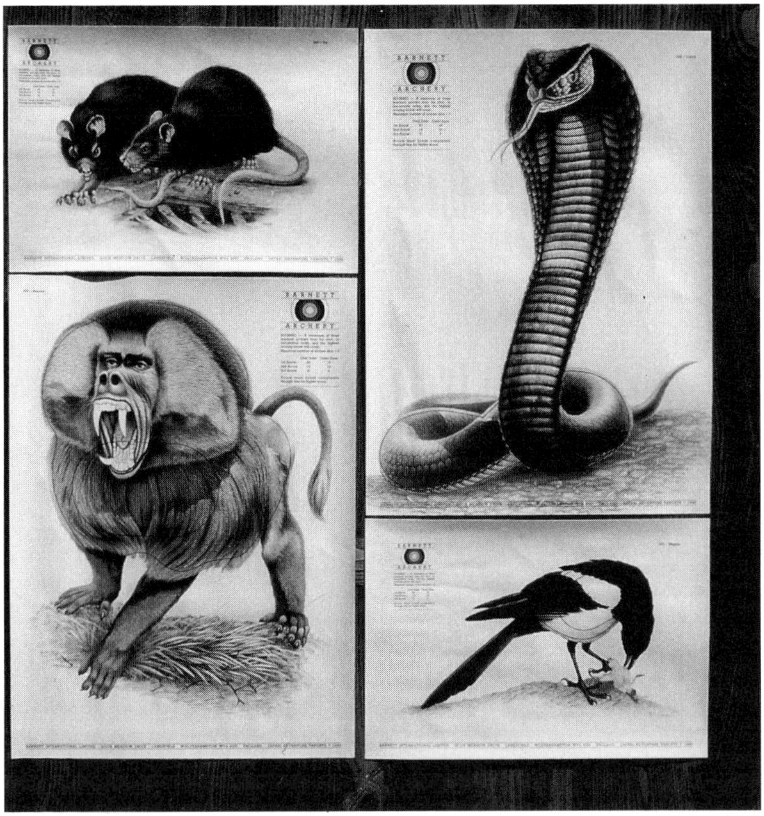

Cibles représentant des animaux pour les parcours « nature ».

Comme à la chasse, les silhouettes des petits mammifère, des pintades ou des faisans sont les plus difficiles à atteindre.

Répartition des buttes-cibles

Trois types de parcours sont possibles selon le nombre de buttes implantées :

- 3 blasons gros gibier dont le diamètre de la zone « tué » est de 300 mm (ours, sanglier, cerf, etc.).
- 5 blasons moyen, diamètre de la zone « tué », 225 mm (chevreuil, loup, lynx).
- 4 blasons, petit gibier, diamètre de la zone « tué » 150 mm (renard, lièvre, grand duc, tétra).
- 2 blasons, petits animaux, diamètre zone « tué » 75 mm (faisan, lapin, écureuil, bécasse, martre...).

On tire trois flèches par blason, soit un total de 42 tirs.

Dans un parcours de 21 buttes, on dispose : 4 gros gibiers, 7 moyens, 6 petits et 4 petits animaux. On tire 2 flèches par blason, soit 42 tirs.

Dans un parcours de 42 buttes (championnat de France) on dispose : 8 gros gibiers, 14 moyens, 12 petits et 8 petits animaux. On ne tire qu'une flèche par blason soit 42 tirs.

Les pas de tir

Le tir nature s'exécute rapidement, presque en marchant. Les pas de tir sont matérialisés par des piquets de couleur. Il en faut trois par butte : le jaune marque le point de départ ; le premier pas de tir est bleu, le second rouge. L'archer est chronométré et doit se rendre à l'un et l'autre pas de tir et décocher ses deux flèches en trente secondes maximum.

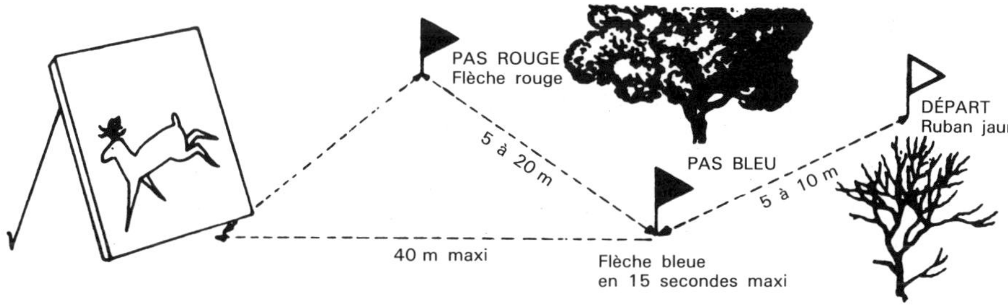

Figure 24 : Disposition d'un pas de tir du parcours nature.

Distances de tir

Les distances de tir se mesurent à partir du pas bleu : pour le gros gibier, entre 30 et 40 mètres. Le gibier moyen entre 20 et 35 mètres ; le petit gibier, entre 15 et 25 mètres, et les petits animaux, entre 5 et 15 mètres.

Les scores

La marque des scores se décompte ainsi : première flèche, zone « tué » 20 points ; zone « blessé » 15 points. Deuxième flèche, zone « tué » 15 points, zone « blessé » 10 points. Le maximum de points par butte est de 35 points. Dans un parcours de 42 buttes, ce maximum est de 1 470 points.

Le matériel de tir

Tous les types d'arc sont autorisés dans le tir nature. Les arcs de tir à la cible monoblocs ou démontables, équipés de viseurs et de stabilisateurs ou non ; les arcs à poulies (compound) ; les arcs de chasse ; les arcs droits courts ou longs avec ou sans viseur.

Des flèches de tous types peuvent être utilisées, mais elles doivent être semblables pour un même archer. Les pointes de 30 g minimum ne doivent pas endommager les blasons. Les flèches sont marquées au nom, aux initiales ou à l'emblème du tireur. Elles doivent obligatoirement comporter un repère bleu pour la première flèche : un repère rouge pour la seconde flèche.

Plusieurs petits accessoires sont autorisés : gants, doigtiers, palettes, plastrons, bracelets, dragonnes, carquois. Les décocheurs automatiques sont interdits.

Le tir au beursault

Un Jeu d'Arc traditionnel, à Chantilly.

Le tir au beursault (ou berceau) n'est connu qu'en France dans ce qu'on appelle le « Pays d'Arc » : Vermondois, Soissonnais, Beauvaisis, Picardie, Ile-de-France..., régions situées entre les vallées de l'Oise, de la Marne et de l'Aisne. C'est, dit-on le plus ancien des tirs sur cible.

Le « beursault » est le lieu même où l'on tire dans le Jeu d'Arc ou le Jardin d'Arc.

Dans son « Dictionnaire de la langue française », Littré nous apprend qu'une « allée en berceau » est, entre autre, « une longue allée souvent couverte d'une voûte de charmille, pour s'exercer à tirer de l'arc, de l'arbalète, etc. » d'où l'expression tirer au berceau. Il semble que le mot « beursault », employé aujourd'hui n'ait pas d'autre sens, et ne soit qu'une altération phonétique et orthographique du mot berceau.

Au Moyen Âge, le beursault était parfois une tranchée assez large, relevée en talus sur les côtés et garnie tout au long de claies tressées en osier ou en saule.

Les Jeux d'Arc d'aujourd'hui, même les plus anciens (XVIIe-XVIIIe siècles) sont construits sur le même schéma, c'est-à-dire à une seule ligne de tir, mais au niveau naturel du sol. Les voûtes de charmille sont rarissimes et l'allée est plus généralements de garde bordée en bois, servant à arrêter les flèches qui partent trop à droite ou à gauche.

Implantation du Jeu d'Arc

A un, deux ou trois beursaults, le Jeu d'Arc s'inscrit toujours dans un rectangle long de 60 mètres au minimum, large de 5, 15 ou 20 mètres, selon les possibilités. Cet espace est clos par des grillages, des barrières, des haies touffues ou des murs, qui abritent les archers des regards des curieux et évitent les sorties de flèches.

A chaque extrémité du beursault (allée centrale) se trouve une butte de tir placée sous un abri de maçonnerie ou de bois. La longueur totale d'une butte à l'autre est de 55 mètres. Cinq mètres devant chaque butte, un carreau de couleur incrusté dans le sol marque le pas de tir. La distance de tir est donc toujours dans le tir au beursault de 50 mètres. On ne circule pas dans l'allée centrale, dite « allée du Roi », mais dans une allée parallèle prévue à cet effet.

L'abri des buttes sert à protéger les cibles et les cartes de tir, ainsi que les archers, par mauvais temps.

Le Jeu d'Arc ne serait pas complet sans son « Logis », maisonnette servant aux réunions des archers, au rangement du matériel, et au vestiaire. Le logis est généralement élevé près de l'entrée du jardin. La butte portant la cible, située la plus près du logis est appelée « maîtresse butte », la butte opposée « butte d'attaque ». La première flèche se tire toujours de la maîtresse butte vers la butte d'attaque.

Déroulement du tir

Le tir au beursault est un tir à une seule flèche, que l'on tire d'une butte à l'autre, aller et retour ; ce va-et-vient s'appelle une halte.

Les anciens archers disent que la coutume du tir à une seule flèche vient du fait qu'autrefois les archers taillaient eux-mêmes leur flèche dans du bois dur, et que par conséquent malgré leur habileté, il leur était impossible de réaliser deux flèches absolument semblables. C'est pourquoi « une bonne flèche » se conservait toute une vie et faisait l'objet d'une véritable vénération.

La cible Beursault

La cible beursault appelée carte, est imprimée en noir sur fond blanc, sur un carton fort de 77 cm × 55 cm. Elle comprend un disque blanc de 45 cm de diamètre, délimité à l'extérieur par un cercle noir de 15 mm d'épaisseur, appelé « grand cordon » ou « cordon doré », qui porte le diamètre total à 48 cm.

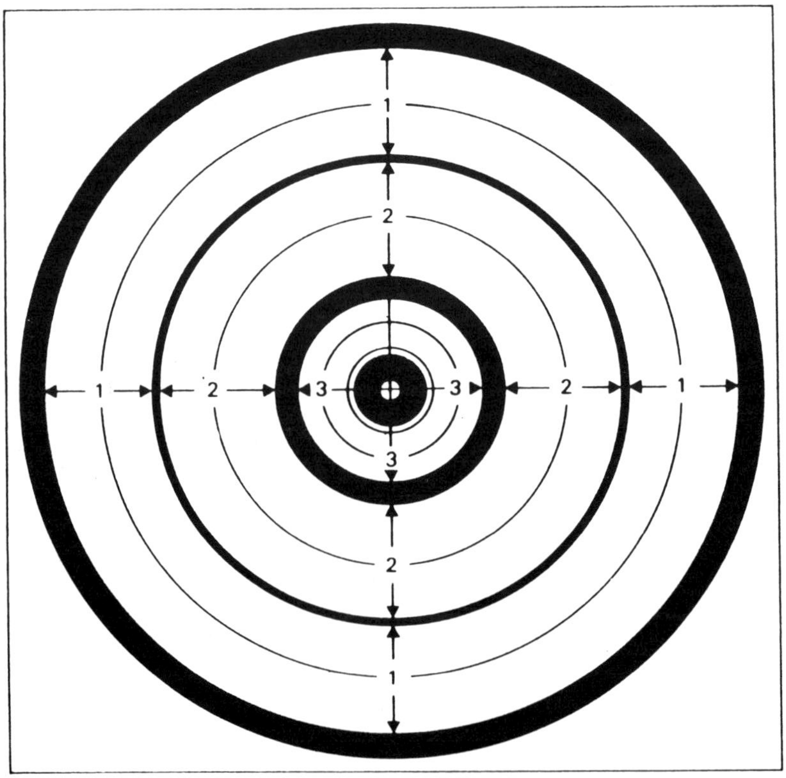

Figure 25 : Cible « Beursault ».

La carte est divisée en trois zones, numérotées de l'extérieur vers l'intérieur, par les chiffres 1, 2 et 3. Les cercles limites ne mesurent que 2 mm d'épaisseur. Les zones 1 et 2 sont encore partagées par des cercles en demi-zones.

La zone centrale, celle du 3, consiste en un disque blanc de 12,5 cm de diamètre, délimité à l'extérieur par un cercle noir de 11 mm d'épaisseur que l'on appelle le « petit cordon ». Le centre de cette zone 3 comporte un disque noir appelé « petit noir » de 42 mm de diamètre, avec une pastille centrale blanche de 8 mm de diamètre. Enfin, deux cercles concentriques noirs, de 2 mm d'épaisseur et de 55 mm et 92 mm de diamètre facilitant le repérage des impacts.

Cette zone 3 constitue le véritable visuel de la cible. En langage « beursault », faire un 3 se dit « douleur » ou encore « chapelet ».

Les zones 1 et 2 sont chiffrées en haut, en bas, à droite et à gauche, sur le cercle des demi-zones. Une ligne verticale et une horizontale sont imprimées à l'intérieur de la cible et se coupent au centre de la pastille blanche du « petit noir ».

La cible « beursault » se complète, pour le tir aux « plus belles flèches » notamment, par un « marmot » en carton très fort, de 1,5 cm de côté et ne comportant que le visuel 3. On le superpose facilement à cette zone 3 de la carte, grâce aux deux axes qui se coupent en son centre.

Règlements de tir

Dans les beursaults, on pratique plusieurs règles de tir, selon qu'il s'agisse du Prix général, d'un Grand Prix, du Prix du Bouquet, de parties de Jardin, de Vin, de Deuil, etc., ou de Prix au Noir, ou aux plus Belles Flèches.

Dans tous les cas, le centre de la cible doit se trouver à un mètre au-dessus du sol et la carte est placée verticalement le long de la butte qui doit être absolument plane.

Selon les prix ou parties disputés, le nombre de flèches tirées varie ainsi que l'ordonnancement des classements et la distribution des récompenses. Mais les valeurs d'impacts des flèches sont toujours comptées de la même manière, à savoir :

— Une flèche à l'intérieur du « cordon doré » compte pour un « honneur », auquel on ajoute le nombre de points indiqués dans la zone de l'impact (ceci pour départager les ex-aequos).

— Une flèche à l'intérieur du « petit cordon » compte pour « un chapelet » dans le Prix du Bouquet notamment.

Ainsi une seule flèche placée au centre est comptée : « un honneur, un chapelet, trois points. »

Pour certains prix dits « à la plus belle flèche » on utilise le « marmot », et l'on mesure au dizième de millimètre la distance séparant le centre du cylindre de la flèche du centre de la cible. A cet effet, on utilise un appareil de précision appelé « palmer d'archer ».

Aux jeux Olympiques de Paris, en 1900, une Médaille d'or fut remportée « au cordon doré » par Monsieur Herouin (France), et une autre « au chapelet » par Monsieur Mougin (France).

Le tir à la perche

Le tir à la perche est un tir d'origine folklorique, longtemps pratiqué dans toute l'Europe. A présent ce n'est plus que dans les Flandres (nord de la France, Belgique et Hollande) que cette tradition se perpétue.

Autrefois, ce tir était le délassement favori des archers du Moyen Âge, mais certains historiens rapportent aussi que dans la Grèce antique, et principalement près des ports, on plantait sur un vaste emplacement un mât de navire de trente mètres de haut, au sommet duquel était attaché un « papegai », c'est-à-dire un perroquet. Les archers devaient alors tirer l'oiseau et celui qui y parvenait était fort honoré.

Aujourd'hui l'oiseau est en bois garni de plumes, et la perche ne dépasse guère 15 à 20 mètres de haut pour ce tir à oiseau unique.

Il existe également une autre forme de tir, dite « tir à la perche avec grille ». C'est sans doute celle qui est la plus pratiquée et qui donne lieu à d'importants tournois.

En 1900, aux jeux Olympiques de Paris, le tir à la perche était inscrit au programme, et c'est un archer français, Monsieur Foulon qui remporta la médaille d'or.

La perche (ou mât) solidement scellée au sol mesure de 33 à 35 mètres et est articulée vers le premier tiers de sa hauteur afin de pouvoir amener la grille près du sol pour y placer les oiseaux de bois. La grille est constituée d'un certain nombre de barres munies de picots (on appelle l'ensemble, les râteaux) sur lesquels sont fixés les oiseaux. Ces oiseaux sont en général de petits cylindres de bois de cinq centimètres de long et trois centimètres de large, ornés d'une houppe de plumes. Chaque oiseau est percé d'un trou qui permet de l'embrocher sur une des pointes de fer des barres. L'oiseau que l'on place au sommet prend le nom de coq ou papegai, ceux qui se trouvent à chaque extrémité des barres s'appellent grandes et petites poules selon leur hauteur, enfin les oiseaux placés sur la grille sont nommés tout simplement petits oiseaux ou guetteurs.

Déloger ces oiseaux à la verticale et à cette hauteur demande force et adresse. Pour ce tir on utilise une flèche spéciale appelée « maquet » mesurant environ 80 centimètres de long, pesant au moins 30 grammes, et munie d'un empennage en plumes naturelles très important. Cette flèche, en bois très dur, est cylindrique et évasée de manière à ce que la tête qui frappera l'oiseau ait un diamètre de deux centimètres environ. L'embout en corne véritable est absolument plat.

En raison du poids de la flèche, de la hauteur de la grille et de la fixation très forte des oiseaux, les arcs sont beaucoup plus puissants que pour le tir à la cible et le minimum utilisé est de l'ordre de 30 kilogrammes. C'est donc un véritable sport de force qui a fait donner aux tireurs à la perche, le surnom de « gros bras ou bras de fer ».

Dans les grands tournois de tir à la perche, il n'est pas rare de voir quatre cents tireurs réunis sur la place la plus vaste possible où sont dressées plusieurs perches. Des abris sont prévus pour les organisateurs officiels. Le public est maintenu à l'écart. Les archers s'abritent eux-mêmes de la pluie de maquets qu'ils provoquent en portant des casquettes et des chapeaux spéciaux, et dit-on, ne commettent jamais, ou presque, l'imprudence de regarder en l'air.

Le tir à l'arc de loisir

Bien des archers prennent plaisir à organiser des jeux de tir à l'arc, soit dans leurs clubs, soit dans des centres de loisir, soit encore chez eux, s'ils ont un jardin clos.

Butte de tir en mousse Ethafoam pour le tir de loisir (53 × 53 × 10 cm) ; carte FITA en papier armé, diamètre 40 cm. Chevalet en tiges métalliques zinguées.

Panoplie pour le tir de loisir comprenant un arc à double courbure ou un arc à poulies, quelques flèches et accessoires indispensables.

En effet, pour tirer entre amis, en famille avec des enfants, le plus simple est encore d'aménager un jeu d'arc dans le jardin de votre maison, ou de votre résidence secondaire. C'est assez simple, peu onéreux. La préoccupation qu'il faut avoir toujours présente à l'esprit, c'est bien sûr la sécurité.

Choisissez l'angle de la clôture de votre jardin le plus éloigné des endroits où vous circulez habituellement. Si ce jardin est clos de murs assez hauts, cette protection sera suffisante d'un côté de l'allée de tir et en arrière de la cible. De l'autre côté il faudra border l'allée de buissons, d'arbustes, de haies ou d'espaliers, formant clôture, afin d'interdire tout risque de passage à travers l'allée de tir. Si cette bordure n'est pas assez haute, on peut fixer deux ou trois panneaux de bois de 1,80 m de haut, ou un grillage semblable à ceux qui entrourent les tennis. Des lierres grimpants, une glycine, une vigne vierge, camouflera agréablement ces éléments de protection. L'allée de tir doit avoir au moins trois mètres de large pour permettre de viser sans gêne. La cible en paille tressée, ou en panneaux de paille comprimée, arrimée dans un cadre de bois peut être une installation fixe et définitive solidement ancrée dans le sol. On place cette cible à une distance d'au moins 1,50 m devant le mur de fond. A l'arrière de la cible on fixe une toile de jute, ou un filet à mailles très fines, qui sert à arrêter les flèches au cas où elles transperceraient la cible. Ce filet doit flotter du haut de la cible jusqu'au sol, sans être tendu. Si l'on préfère une installation plus légère, on choisira une cible en mousse synthétique à placer sur un chevalet. Ce dernier doit être suffisamment lourd et bien fixé au sol, sans risquer de tomber au moindre souffle de vent. L'arrière de la cible devra également être garni d'un filet de protection.

Une fois l'emplacement de la cible déterminé, on marquera les pas de tir de 5 mètres en 5 mètres, soit par des carreaux de faïence de couleur, incrustés dans le sol au centre de l'allée, soit par des piquets placés sur le bord. Une belle allée de tir de 30 mètres de long si on en a la place permettra des parties de tir de champions, mais on peut fort bien s'amuser sur des distances plus courtes. Si l'on tire avec des arcs de faible puissance, ne pas oublier que plus la distance est grande, plus haute sera la trajectoire de la flèche pendant son vol, ce qui justifie la hauteur des protections de part et d'autre de l'allée de tir, et au-delà de la cible pour le cas où la flèche passerait au-dessus.

Par mesure de sécurité on ne laissera pas des enfants s'exercer seuls au tir à l'arc, sans la surveillance d'un adulte. Enfin une assurance spéciale, peu coûteuse, doit être prise protégeant aussi bien les tireurs que les spectateurs éventuels.

Les cartes de tir

Il existe un grand nombre de cartes de tir permettant d'organiser des parties de tir à l'arc variées. Outre les cartes de tir officiel, à dix zones et cinq couleurs, servant à la compétition, on peut choisir des cartes représentant des animaux, des cartes en noir et blanc à deux ou trois zones, ou encore des cartes de jeux, qui sont accompagnées de leurs règlements. En voici quelques exemples :

Archerie-golf

Cette discipline récente connaît un développement non négligeable en France. Elle réunit en équipe un golfeur et un archer qui effectuent ensemble le parcours de golf de 9 ou 18 trous.

Le golfeur pratique selon les règles habituelles de son sport pour envoyer sa balle dans le trou central du green en un minimum de coups. L'archer tire ses flèches de la même manière, en un minimum de coups, pour se rapprocher du centre du green. Il doit respecter les règlements du golf. Sur le green, à l'emplacement où se trouve le drapeau, on place sur un trépied haut de 10 cm, une balle en caoutchouc ou plastique souple de 10 à 15 cm de diamètre : c'est la cible que l'archer doit transpercer d'une flèche.

La marque pour l'archer est la même que celle du golfeur, avec des pénalités lorsque la flèche tombe dans un « bunker » ou une zone hors du parcours délimité.

Biathlon ski-arc

Très pratiqué au Canada, le biathlon ski-arc compte de plus en plus d'adeptes parmi les archers qui résident dans les Alpes et les Pyrénées.

Les règles de cette discipline sont calquées sur celles du biathlon ski-tir à la carabine qui est un sport olympique.

Le biathlon ski-arc se pratique sur un parcours de ski de fond qui doit être peu éprouvant, compte tenu du fait que le skieur porte son matériel arc et flèches dans son carquois dorsal.

Le parcours est de 12 km en trois boucles de 4 km chacune.

Les pas de tir sont placés à 18 mètres des cibles implantées à l'issue de chaque boucle. Le blason mesure 16 cm de diamètre avec un centre de 4 cm. L'archer tire quatre flèches par cible en un minimum de temps chronométré. Comme dans le biathlon ski-carabine, la marque prend en compte le temps mis à effectuer le parcours et les points obtenus avec pénalisation pour les cibles manquées.

Cible « pétanque »

La cible comporte deux zones circulaires, la zone centrale est un rond noir. Le tir s'exécute à une distance minimum de 5 mètres ; on l'augmente selon l'habileté des tireurs. La partie se joue à titre individuel, 6 flèches chacun, par équipe de 2 joueurs, 3 flèches chacun ; par équipe de 3, 2 flèches chacun.

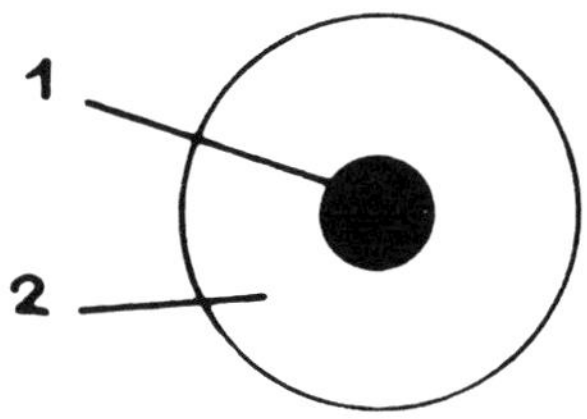

Le but du jeu est de réaliser 15 points avant l'équipe adverse. La partie se joue en trois manches. Le premier joueur place une flèche le plus près possible du centre. L'adversaire doit alors « reprendre le point ». Deux cas sont possibles :

— Pointer, c'est-à-dire placer une flèche plus proche du centre que l'équipe adverse.
— Tirer, c'est-à-dire supprimer la flèche adverse en tirant sur l'une des quatre petites cibles disposées symétriquement par rapport au centre.
— Si la flèche atteint la zone 2 (blanche) on retire la flèche adverse la plus proche du centre.
— Si la flèche atteint la zone 1 (noire), c'est un carreau et on retire la flèche adverse la plus proche du centre pour la remplacer par celle ayant réussi le carreau.

Comptage des points : à la fin de chaque volée, on compte les points de la même façon que pour la pétanque avec les boules.

Cible « dart »

La cible comporte un certain nombre de secteurs numérotés. Chaque secteur comporte 4 zones dont la valeur est la suivante.
zone ① = simple. Valeur = nombre en regard
zone ② = double. Valeur = 2 fois le nombre en regard
zone ③ = triple. Valeur = 3 fois le nombre en regard
Le centre comporte deux zones :
zone ④ = centre. Valeur = 25 points
zone ⑤ = double centre. Valeur = 50 points.

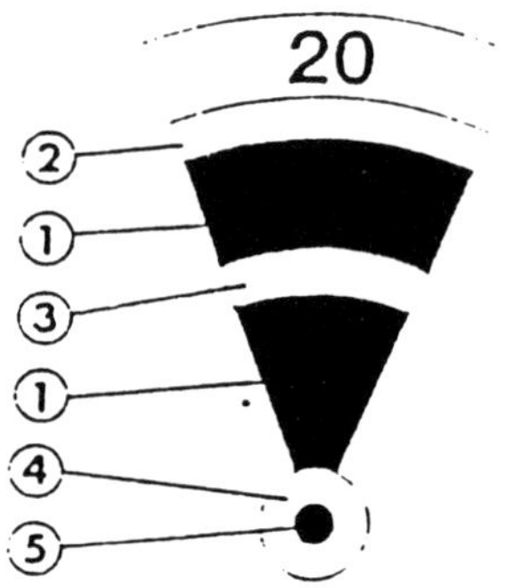

Chaque joueur démarre avec un capital de 301 points (ou 501 par équipe).

Le but du jeu est de ramener le score à 0 en déduisant les points réalisés par volée de trois projectiles.

Pour finir, il faut obligatoirement que le premier projectile atteigne une zone double ②.

Exemple : Vous avez 59 points. 4 cas sont possibles :
— Vous faites 19 + 4 + double 18 = 59. Vous avez gagné.
— Vous faites double 18 + 20 + triple 1 = 59. Ce score est nul car votre dernier projectile n'a pas atteint un double. Vous repartirez avec 59 points à la prochaine volée.
— Vous faites 19 + 4 + 18 = 51. Vous repartirez avec 8 points à la prochaine volée (59 − 51 = 8).
— Vous faites 19 + 1 + double 20 = 60. Votre dernier projectile est bien une zone double mais vous dépassez le score. Vous repartirez avec 59 points à la prochaine volée.

Cible « golf »

La cible comporte 12 « trous » dessinés sur la carte. Le but du jeu est de mettre une flèche dans chacun des « trous » numérotés de 1 à 12. Chaque joueur ou équipe ne peut tirer que 3 flèches sur le même trou et passe obligatoirement au trou suivant s'il n'a pu y parvenir.

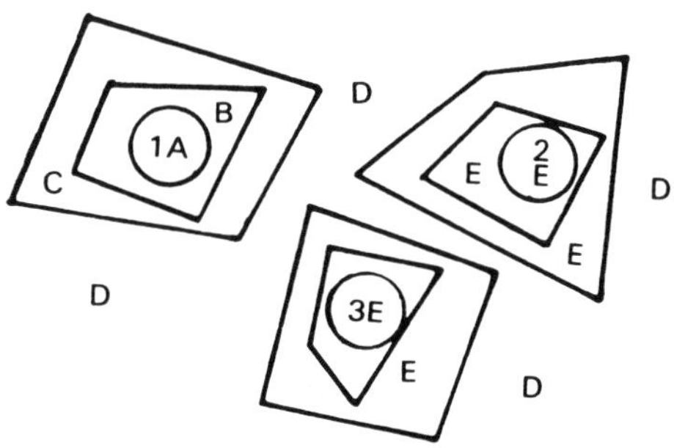

Décompte des points : une flèche dans le trou A, compte 100 points ; une flèche dans la zone immédiate B compte 50 points, dans la zone suivante C, 10 points ; puis en dehors de ces zones, on retire successivement 20 points et 50 points. Les points se jugent à l'avantage.

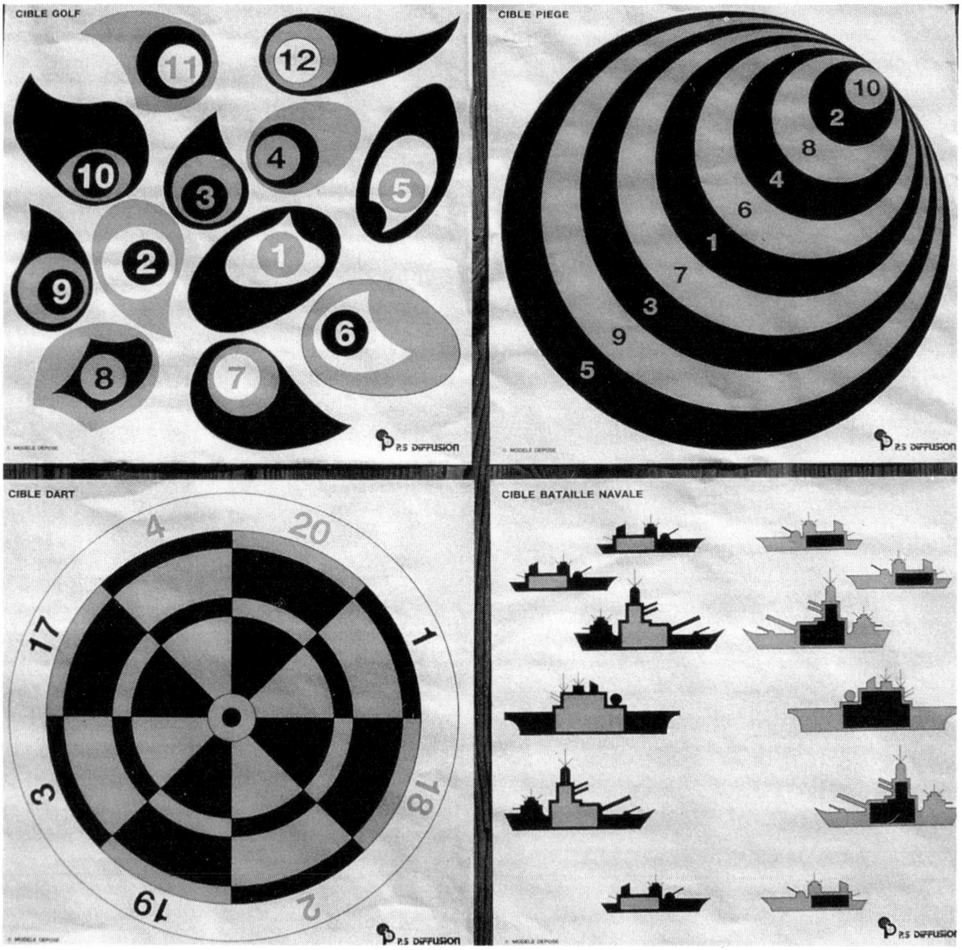

Quelques cibles pour jeux de loisir : golf, piège, dart, bataille navale.

Cible « bataille navale »

Couler la flotte adverse avant que l'équipe concurrente n'ait pu en faire autant en tirant à tour de rôle par volée de trois projectiles.
Chaque flotte comprend 1 porte-avions, 2 cuirassés et 3 escorteurs.

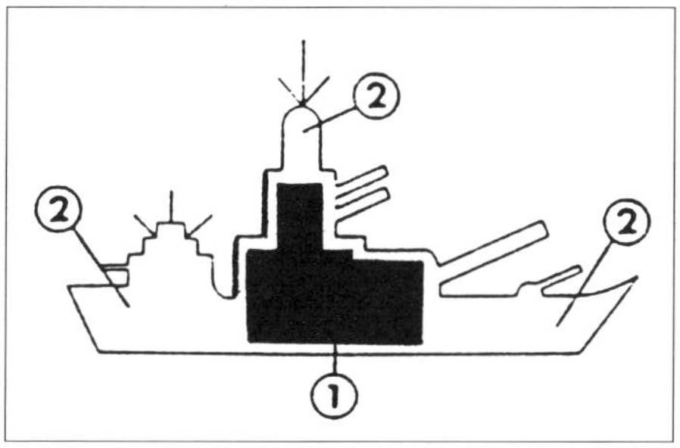

La façon de couler chaque bâtiment est la suivante :
— Porte-avions :
3 projectiles dans la zone vitale ① + 3 projectiles dans la zone non vitale ②
— Cuirassé :
2 projectiles dans la zone vitale ① + 2 projectiles dans la zone non vitale ②
— Escorteur :
1 projectile dans la zone vitale ① + 1 projectile dans la zone non vitale ②

Le porte-avions coulé compte 110 points, un cuirassé 50 points et un escorteur 30 points. Un bâtiment touché compte 10 points en zone vitale et 5 points en zone non vitale par projectile.

Cible « poker »

Il s'agit comme au jeu de cartes, de réaliser la meilleure annonce avec 5 projectiles.

Ce jeu se pratique en individuel à 2 ou plusieurs joueurs.

Chaque zone de la cible représente une carte :

— A = As
— R = Roi
— D = Dame
— V = Valet
— 10 = 10
— Centre = Joker (remplace n'importe quelle carte).

Les annonces possibles sont les suivantes :

— 1 paire = 2 cartes identiques = 5 points
— 2 paires = 2 fois une paire = 15 points
— Suite = 3 cartes qui se suivent dans n'importe quelle couleur = 25 points
— Brelan = 3 cartes identiques = 35 points
— Full = Brelan + 1 paire = 50 points
— Carré = 4 cartes identiques = 70 points
— Couleur = 5 cartes de même couleur = 90 points
— Quinte flush = 5 cartes qui se suivent dans la même couleur = 150 points.

La partie se joue en 2 manches de 1 000 points et une belle s'il y a lieu.

Cible « mephisto »

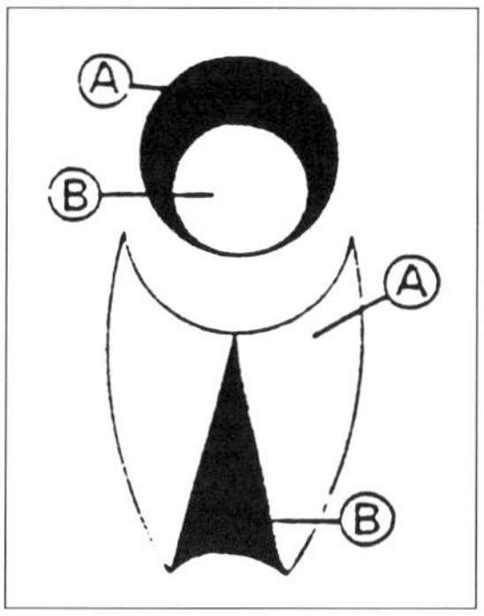

Chaque zone porte un chiffre en regard, la partie A valant ce chiffre et la partie B le double de ce chiffre. Le rond central vaut 1 point.
Il faut réaliser exactement 100 points en ne totalisant que les volées de trois flèches dont le total est pair.
Le centre valant un point, il permet de rendre paire une volée dont les deux premiers projectiles ont totalisé un score impair, à condition que le troisième projectile atteigne le centre.

STYLES D'ARCS

Egypte ancienne

Assyrien

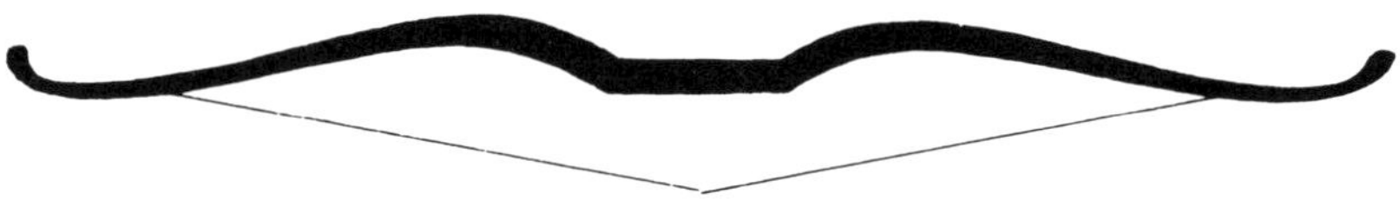

Grecque ancien

Français (15e s.)

Amazonier

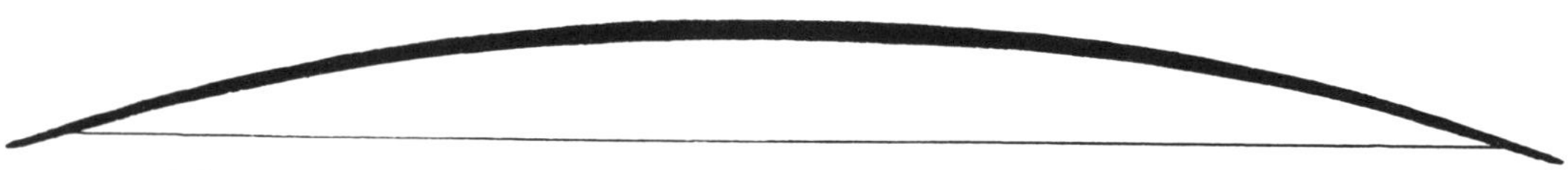

Anglais (15e s.)

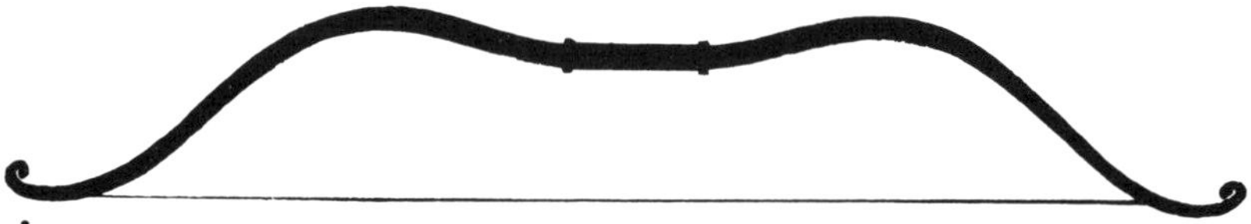

Chinois

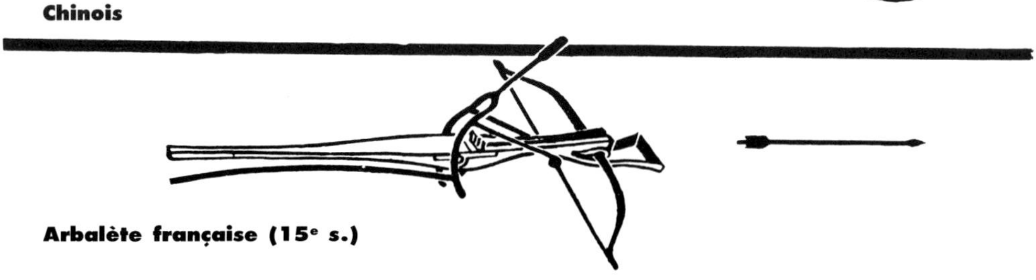

Arbalète française (15e s.)

GLOSSAIRE

Allées — Le Jeu d'Arc traditionnel à la française comporte au minimum deux allées. L'allée centrale, du pas de tir à la cible, dite Allée du Roi, est réservée au « roi » ou à « l'empereur » de la compagnie. L'allée parallèle, dite Allée des Chevaliers est celle empruntée par les tireurs pour aller et venir, du pas de tir à la cible.

Allonge — L'allonge d'un tireur correspond à la longueur de la flèche qu'il utilise. Cette mesure se prend du bord extérieur de l'arc au point d'encoche sur la corde, au moment de la pleine traction du tireur. On utilise généralement une flèche gabarit graduée pour déterminer cette allonge.

Appréciation — Estimation empirique. Dans le tir en campagne l'appréciation des distances est parfois difficile.
En général on apprécie trop court :
— Par temps clair ou avec le soleil derrière soi.
— Quand la cible est très éclairée.
— Quand on tire de bas en haut.
— Sur un terrain plat et découvert.
— Sur un terrain en partie masqué.
Par contre, on apprécie trop long :
— Par temps brumeux, au crépuscule, en sous-bois.
— Avec le soleil de face.
— Quand la cible est placée sur un fond sombre.
— Quand on observe de haut en bas.

Arbitre — Archer assermenté par la Fédération pour assurer la direction technique des compétitions et le contrôle de la marque.

Archer — Soldat armé de l'arc ; tireur à l'arc. Ne s'emploie pas au féminin dans le cas d'une personne. Une archère n'est rien d'autre qu'une « ouverture » pratiquée dans les fortifications pour le tir à l'arc, à l'arbalète.

Aspirant — Grade de l'archer admis comme membre d'une Compagnie, mais qui n'a pas encore prêté le serment de Chevalier.

Avachir — On dit qu'un arc s'avachit quand il commence à rester fléchi après avoir été débandé.

Avantage — Les points sont comptés « à l'avantage » dans le cas où l'impact de la flèche se trouve à cheval sur le trait ou « cordon » séparant deux zones de marque. Dans les différentes formes de tir F.I.T.A. les points sont toujours comptés à l'avantage, c'est-à-dire pour la valeur supérieure. Il n'y a que dans le tir au Beursault que les points sont comptés au « désavantage », c'est-à-dire pour la valeur inférieure.

Bague — Cercle mince entourant le noir du marmot de la cible au Beursault.

Baillot, Baillet — Impact au Noir brûlé (désuet).

Ban, Band — Intervalle perpendiculaire compris entre le centre de l'arc et la corde quand l'arc est simplement bandé. Si le band est faible, la force de propulsion imprimée à la flèche est moindre. Si le band est fort, l'effort de propulsion est plus grand mais dure moins longtemps. Au point de vue *« durée de la poussée de la flèche »*, il serait souhaitable d'avoir un band faible, mais au point de vue *« puissance de la poussée de la flèche »*, il faut un band accentué. Le band des arcs modernes est calculé par les fabricants en fonction de ces deux critères pour obtenir un band moyen suffisant.

Bander — Placer la corde sur l'arc afin qu'il soit prêt au tir. Se dit aussi pour « tirer la corde ».

Barres (ou râteau) — Tiges horizontales de dimensions différentes à la partie inférieure de la grille et supportant les petits oiseaux (dans le tir à la perche).

Beursault — Le tir au Beursault est un tir qui se pratique sur une cible spéciale, dans un jeu d'arc aménagé, protégé et clos.

La cible Beursault comporte :

- *Un Cordon Noir* de 450 mm de diamètre intérieur, d'épaisseur de 15 mm environ, limitant la zone dite *« des Honneurs »*.
- *Un Cordon Rouge* (ou noir) de diamètre intérieur de 150 mm et d'épaisseur 10 mm environ, limitant la zone dite « des Chapelets ».
- *Un Visuel Noir* de 56 mm (pour le tir du Grand Prix) ou de 40 mm (pour le tir du Prix Général).
- *Une Mouche Blanche* de 10 mm de diamètre.

L'épaisseur des cordons n'intervient pas dans le tir au Beursault puisque les points sont comptés au désavantage, autrement dit, les impacts doivent être placés entièrement dans une zone pour être comptés. La distance traditionnelle du tir au Beursault est de 50 mètres, sauf en Belgique où elle est de 28 mètres.

Boucle (ou œillet) — Disposition de l'extrémité de la corde permettant son accrochage sur l'arc.

Bouquet — Fête folklorique de l'arc qui a lieu en général aux mois de Mai et Juin, dans le « pays d'arc » (Picardie, Île-de-France). Son principe est l'échange d'un bouquet de fleurs entre deux compagnies d'une même Ronde, fait suivant le cérémonial de la présentation des tournois du Moyen Age.

Le principal rite est une parade avec un défilé qui comprend essentiellement les archers avec les drapeaux des compagnies qu'ils représentent et un bouquet dans un vase placé sur une civière portée par des jeunes filles et escorté d'autres jeunes filles. Toutes celles-ci sont en robes blanches longues avec des écharpes aux couleurs de la Compagnie organisatrice. Le Maire, le Préfet, le Sous-Préfet, les Parlementaires, les autorités militaires et religieuses, les dignitaires de l'archerie française, les associations locales de musique, fanfares et sportives défilent également dans les rues du village de la Compagnie, avant de se rendre à la grand-messe généralement dite en plein air et célébrée par l'Évêque.

Puis viennent les moments des discours, banquets, suivis de parties de tir.

La parade du Bouquet Provincial est suivie jusqu'en septembre chaque samedis, dimanches et jours fériés du Tir du Grand Prix et du Prix Général, dans le Beursault. Le Grand Prix se tire en *vingt haltes*, soit quarante flèches dans les deux sens. Le tir est contrôlé par un greffier et « un garde-Panton ». Les Prix sont attribués au plus grand nombre d'honneurs ou de chapelets réalisés par un tireur (prix individuel) ou par cinq ou dix tireurs de la même Compagnie (Ensemble à l'honneur ou au Chapelet). Le plus grand nombre des prix du Grand Prix est attribué à la plus belle flèche.

Le Prix Général se tire en soixante flèches (30 haltes) et les prix sont attribués uniquement au Noir. Le tir des Grands Prix des Bouquets se fait exclusivement à 50 mètres.

Bracelet ou Brassard — Plaque de cuir ou de matière plastique servant à protéger la face interne de l'avant-bras qui tient l'arc, de manière à éviter le frottement direct de la corde sur la peau au moment du tir.

Branches ou Bras — Les deux parties de l'arc situées de part et d'autre de la poignée.

Broche — Fiche, jadis en bois, maintenant en métal, servant à fixer les cibles sur les buttes.

Butte — Les buttes sont généralement constituées par des panneaux de paille sur lesquels sont fixées les cibles. Dans un Jeu d'Arc pour le tir au Beursault, il y a au moins deux buttes se faisant face permettant le tir dans les deux sens. On appelle « butte maîtresse » celle qui est adossée généralement contre la salle de réunion des archers, et du côté du pas de tir d'où l'on tire en premier. La « butte d'attaque » se trouve en face, c'est celle sur laquelle on tire la première flèche.

Campagne — Le tir dit « en campagne » se pratique sur des cibles de dimensions variées, placées le long d'un parcours sur un terrain accidenté, dont les pas de tir sont situés à des distances variables (généralement entre 6 et 60 mètres).

Capitaine — Président d'une Société (Compagnie) de tir à l'arc.

Carquois — Étui en cuir ou en plastique servant à ranger les flèches à portée de main. Il peut être fixé à la ceinture ou porté dans le dos. Pour la chasse, le carquois est une armature métallique fixée à l'arc, permettant de saisir rapidement la flèche.

Carte — Feuille de carton sur laquelle est collée la cible imprimée sur papier mince. On emploie souvent le mot *Carte* pour désigner la cible elle-même.

Central — Impact exactement au centre de la cible. En tir F.I.T.A., on dit aussi un « jaune » ou un « or ».

Chapelet — Impact à l'intérieur du cordon de la cible au Beursault. On dit faire un Chapelet ou un coup de Chapelet. Ce coup est parfois nommé plaisamment « Douleur ».

Chasse (de l'arc) — La chasse est la propriété essentielle d'un arc qui lui permet de restituer, par la propulsion de la flèche, l'énergie emmagasinée par la tension de la corde. On dit qu'un arc a plus ou moins de chasse, qu'il chasse plus ou moins bien.

Chasse — La chasse à l'arc est très pratiquée aux États-Unis, dans certains pays d'Europe et d'Afrique. Elle est tolérée en France, sous certaines conditions fixées par le code rural.

Chevalier — Grade de l'archer qui a prêté le serment traditionnel de chevalerie.

Cible — Ensemble de cercles et de circonférences ou de figures constituant l'objectif.

Dans les cibles en noir et blanc le cercle central noir s'appelle un *visuel* ; il comporte parfois une petite zone centrale blanche dite *« Mouche »*.

Les principales cibles d'Arc sont :

— La cible au Beursault (voir ce mot).

— La cible dite de plein air, nommée parfois à tort cible anglaise.

Cette cible est analogue à la cible réglementaire pour le tir au fusil à 200 mètres, mais avec un visuel circulaire complet. On ne l'emploie plus guère.

— La cible internationale en couleurs : du centre vers l'extérieur : jaune ou or, rouge, bleu, noir et blanc. Chaque zone est elle-même divisée en deux. Les points sont comptés de 1 à 10, de l'extérieur vers le centre.

Le diamètre de la cible internationale varie selon les distances de tir :

122 cm de diamètre pour : 90 m, 70 m, 60 m
80 cm de diamètre pour : 50 m, 30 m
60 cm de diamètre pour : 25 m
40 cm de diamètre pour : 18 m

— La cible belge de 45 cm de diamètre a six zones. Elle sert pour le tir à 25 mètres. Elle est rarement utilisée en France.

Compagnie — Nom généralement donné aux Sociétés de Tir à l'Arc. Terme historique d'origine militaire.

Composite — Même mot en français qu'en anglais, signifie d'après le dictionnaire Larousse « formé d'éléments divers ». Un arc est dit « composite » lorsqu'il est fabriqué de plusieurs matériaux différents, étroitement mêlés qui forment un tout.

Connétable — Titre honorifique décerné par une Compagnie à un mécène (membre actif ou pas) qui se consacre spécialement au bon fonctionnement de la Compagnie.

Corde — Assemblage de fibres muni d'une boucle ou œillet à chaque bout et reliant les deux extrémités de l'arc prêt à être utilisé. Actuellement les cordes sont en fibres synthétiques, autrefois elles étaient faites de chanvre, de lin ou de fibres végétales quelconques (arc indigènes).

Creux — Le creux de l'arc, ou ventre, est la face interne de celui-ci, située du côté de la corde.

Curseur — Pièce mobile coulissant sur une tige fixée le long de la fenêtre de l'arc et supportant une règle horizontale à l'extrémité de laquelle se trouve l'élément servant à viser. Cet élément est constitué par une silhouette de guidon ou un œilleton. Le déplacement vertical du curseur permet le réglage en hauteur. Le déplacement horizontal de la règle sur le curseur permet le réglage en direction latérale.

Débander — Décrocher la corde d'une extrémité de l'arc, ou la retirer complètement après le tir. Un arc doit reposer débandé.

Décoche — Moment où les doigts quittent la corde qui propulse la flèche.

Démontable — Un arc est dit démontable lorsque l'on peut facilement séparer les branches de la poignée pour le ranger et le transporter.

Détendre — Un arc se détend lorsque son band diminue, soit que le nœud de la corde se relâche, soit que la corde s'allonge.

Désencocher — Retirer la flèche encochée sur la corde sans qu'il y ait action de tirer.

Doigtier — Fourreau, généralement en cuir, destiné à protéger les doigts qui tirent la corde.

Dos (de l'arc) — Face externe de l'arc.

Échantillonner — Mesurer la distance qui sépare le centre d'un impact du centre de la cible.

Écharpe — Large ruban porté en sautoir indiquant que le porteur est titulaire soit d'un grade, soit d'un titre de champion. Les couleurs sont :

Vert pour les Empereurs
Violet pour les Connétables
Rouge pour les Rois
Bleu-Ciel pour les Capitaines
Bleu-Blanc-Rouge pour les Champions de France
Aux couleurs de la Ronde pour les Présidents et Champions de Ronde, ou de ligue.

Empennage — Garniture composée de trois plumes taillées uniformément, naturelles ou en plastique, fixée à la partie postérieure de la flèche pour la stabiliser sur sa trajectoire. Les plumes ou pennes font entre elles un angle de 120 degrés et sont fixées parallèlement à l'axe de la flèche. Quand la flèche est encochée, une des plumes doit être perpendiculaire à la corde, c'est la plume dite « maîtresse » ou « plume coq », les autres sont parfois dites « plumes secondes ».

Empereur — (titre honorifique) L'archer qui a été proclamé « Roi » trois années de suite dans la même Compagnie est « Empereur ». Il garde ce titre aussi longtemps qu'il appartient à cette Compagnie.

Encoche — Fente à l'extrémité arrière de la flèche dans laquelle on place la corde pour le tir. Verbe : on dit « encocher une flèche ».

Encorder — Placer la corde sur l'arc. On dit plutôt bander.

Enferron — Garniture en métal (acier) de la tête de flèche de tir sur cibles. Autrefois l'enferron était en corne, l'acier étant réservé aux flèches de guerre.

Famille — Groupement régional de Compagnies de caractère privé et plus étendu que celui de la Ronde.

Fenêtre — La fenêtre de l'arc est la partie évidée de celui-ci en son centre sur une hauteur d'environ 20 cm (moins pour les arcs de chasse), qui sert à centrer la flèche sur l'arc.

Fiche — Sorte de clou à tête large et conique, facile à saisir, servant à fixer les cibles sur les buttes de paille.

Flèche — Tige rigide de bois ou métal munie à une extrémité d'une pointe métallique pour le tir sur cibles, ou d'un « mac » pour le tir à la perche, et à l'autre extrémité d'un empennage et d'une encoche.

Fleur — Petite fête folklorique de l'arc à l'échelon cantonal qui avait jadis à la base une partie où l'objectif était une fleur. Pratiquement disparue.

Force — La force d'un arc appelée aussi « poids de l'arc » est la force de traction nécessaire à exercer sur la corde pour l'amener à sa tension maximum. La force des arcs modernes est mesurée en livres anglaises.

Fouetter — On dit que la corde fouette le bras du tireur lorsqu'elle entre en contact avec celui-ci au moment de la décoche.

Franc — Un impact est franc lorsqu'il ne touche pas les limites de zones.

Garde — Les gardes sont des panneaux de bois placés de chaque côté de l'allée du roi (centrale) perpendiculairement à celle-ci pour limiter la zone dangereuse pendant le tir. Quand une flèche frappe une garde, on dit que le tireur « a fait une garde » ou par moquerie « une douleur de charpentier ».

Greffe — Dans n'importe quel concours, il y a obligatoirement un organisme portant le nom de greffe qui reçoit les inscriptions, attribue les numéros d'ordre ou de cibles, constitue les pelotons (dans le tir en campagne), recueille les résultats, établit les classements, etc. On appelle greffier, celui qui dirige le greffe, ou n'importe quel membre de ce greffe.

Grille — Ensemble des barres et des broches supportant les oiseaux qui constituent les cibles dans le tir à la perche.

Groupement — Ensemble des impacts d'une série individuelle de flèches. Un tir est dit groupé quand ses impacts sont réunis dans une zone de faible dimension.

Halte — Ensemble de deux volées consécutives dans le tir au Beursault. La première volée d'ordre impair est tirée sur la butte d'attaque ; la suivante d'ordre pair est tirée en retour sur la butte maîtresse.

Hausse — Système de visée ; appareil articulé et gradué permettant d'adapter la trajectoire à la distance de tir.

Honneur — Impact à l'intérieur du grand cordon (noir ou doré) de la cible au beursault.

Honteux — Tireurs classés immédiatement après ceux qui ont gagné des prix. Le 1er et le 2e honteux reçoivent généralement des prix de consolation (terme désuet).

Impact — Le point d'impact est l'endroit où la flèche pénètre la cible. L'angle d'impact est l'angle que fait la trajectoire de la flèche avec la surface de la cible. Le sommet de cet angle est le point d'impact.

Incidence — L'angle d'incidence est l'angle que fait la trajectoire ou la flèche avec la perpendiculaire à la surface au point d'impact. La somme de l'angle d'impact et de l'angle d'incidence est égale à un angle droit.

Jardin — Lieu aménagé où se réunissent les archers pour tirer à l'arc au beursault.

Jeu — ou jeu d'arc, s'emploie généralement pour jardin.

Joue — Partie interne et plate de la fenêtre de l'arc, à la base de laquelle se trouve le repose-flèche.

Ligne de tir — Ligne droite qui part de l'œil de visée pour arriver sur le point à viser de la cible, en passant par le viseur. Appelée également « axe de tir ».

Maître — Dans le tir à la perche, l'archer qui abat le coq est « Maître de Perche » pour l'année (par analogie avec le « Roi d'une Compagnie » où l'on pratique le tir sur cible).

Mandat — Un mandat est soit un programme de tirs (Beursault/classique) soit une convocation contenant tous les renseignements utiles sur l'organisation d'un concours.

Maquet — Flèche spéciale pour le tir à la perche, plus grosse à l'avant qu'à l'arrière avec le bout plat, généralement plus longue que la flèche de tir sur cible.

Marmot — Petite carte portant seulement le noir et le petit cordon de la cible au beursault et deux axes perpendiculaires qui sont placés l'un vertical, l'autre horizontal. Le marmot est fixé au centre de la cible, et levé après chaque impact, pour être remplacé par un marmot neuf. Les marmots sont utilisés notamment dans la compétition dite « tir à la belle flèche » ; ils permettent de comparer avec précision les impacts des tireurs.

Marqueur — Archer habilité à relever les impacts sur les feuilles de marque.

Mire — Pointage, visée.

Nazette — Repère de hauteur fixé sur la corde à la hauteur de la base du nez où celui-ci prend appui.

Noir — Visuel des cibles tracé en noir sur blanc.

Œillet — Boucle terminant l'extrémité de la corde qui sert à fixer celle-ci sur l'arc. On dit aussi « poupée ».

Oiseaux — Les oiseaux sont des cylindres de bois de 5 cm de long et de 3 cm de diamètre environ, munis de panaches et servant d'objectifs dans le tir à la perche. Ces cylindres sont percés de deux trous perpendiculaires à leur axe et destinés à recevoir la tige du panache et la broche de fixation. L'ensemble des oiseaux comprend :
1) Les Honneurs, c'est-à-dire : le Coq ou Papegay ; les Poules, en général six.
2) Les Petits Oiseaux dénommés également Guetteurs, canes ou cailles, qui sont en nombre variable sur les branches de la grille.

Palette — Morceau de cuir mince et souple qu'on met sur la main pour protéger les doigts qui tirent la corde.

Partie — La partie est une forme particulière de tir pour laquelle les archers sont divisés en deux camps opposés. Les Parties de Jardin sont les plus importantes et se tirent dans les grandes circonstances : partie d'installation, partie de deuil (à l'occasion du décès d'un chevalier), partie d'ouverture de Prix Général.

Pas de tir — Emplacement réservé aux tireurs en action et marqué par une dalle dans les Beursault, ou une marque quelconque fixée au sol dans les tournois de cibles en plein air, de F.I.T.A. et de tir en campagne. Sa position par rapport à la cible indique la distance réelle du tir.

Perche — Mât de 25 mètres de hauteur, basculable autour d'un axe horizontal situé à 12 mètres du sol. Au sommet du mât est placée la grille de 5 mètres de haut supportant les oiseaux.

Peloton — Groupe de tireurs sur un pas de tir en campagne.

Poignée — Partie de l'arc par laquelle on le tient pour tirer.

Point — Centre géométrique de la cible. *Tenir le point* c'est rester en position de tir en conservant la visée.

Pointe — Extrémité avant de la flèche, parfois amovible. Viser à la pointe de flèche, c'est utiliser celle-ci comme moyen de pointage.

Prix — Le tir au prix se dispute soit entre les archers d'une Compagnie, « Prix de Compagnie » : soit entre les archers d'une même Ronde, « Prix de Ronde » ; soit entre tous les archers quelle que soit leur Ronde, « Prix Fédéraux », « Prix Généraux », et « Grands Prix des Bouquets ». Les prix sont attribués principalement dans les concours au Beursault.

Repose-flèche — Petit appareil en plastique ou en feutre fixé sur la « joue d'arc » à 17 mm environ du « plancher d'arc » qui sert de point d'appui à la flèche. Le plancher d'arc est la base extrême de la joue d'arc.

Repères — Points ou traits marqués sur l'arc permettant un alignement de la corde ou un repérage de visée.

Revers — Les revers d'un arc sont les extrémités recourbées en avant des branches de l'arc.

Roi — L'archer qui abat l'oiseau dans un tournoi prévu à cet effet, est proclamé « Roi de la Compagnie » pour l'année. Ce tournoi a généralement lieu début janvier, à la St-Sébastien. Un petit oiseau de bois est fixé au centre de la cible Beursault. Ce tournoi s'appelle « abat d'oiseau » ou « tir du Roi ». L'archer qui est proclamé Roi de la même Compagnie trois années de suite, est appelé Empereur.

Ronde — Groupement fédératif de Compagnies à l'échelon régional. Au cours des années 1975 et 1976, les Rondes ont été dissoutes pour être transformées en Ligues régionales Académiques, selon le découpage administratif du ministère de tutelle.

Salut — Autrefois, tout archer avant de tirer, devait saluer les cartes de tir et l'assistance, en disant : « Je vous salue ! mesdames, messieurs. »

Sucette — Petit accessoire placé sur la corde servant de repère de hauteur, qui se place entre les lèvres quand l'arc est en pleine tension.

Tenue — Le temps de tenue de l'arc est la durée durant laquelle l'archer peut maintenir son arc bandé en position de visée, avant de décocher.

Tranche fil — Enroulement d'un brin spécial de la corde en son centre, ou tube de protection placé sur cette partie de la corde, pour éviter de la détériorer au cas où elle frotterait le bras d'arc. La corde est ainsi également protégée des usures de l'encoche de la flèche, et du travail des doigts sur la corde.

Visette — Petit appareil, œilleton, fixé sur la corde permettant la visée. L'emploi de la visette est interdit dans les règlements F.I.T.A.

Volée — Séries de flèches tirées sans discontinuité par le même archer, sur la même cible. Au tir au Beursault, la volée est d'une seule flèche. Dans les tirs F.I.T.A. ou fédéraux, la volée est de trois flèches. Dans le tir en campagne, la volée est de 1, 2 ou 4 flèches selon les distances.

Achevé d'imprimer par Corlet, Imprimeur, S.A., 14110 Condé-sur-Noireau (France)
N° d'Imprimeur : 8151 - Dépôt légal : juin 1993

Imprimé en C.E.E.